사유를 쏟아, 붓다

사유를 쏟아, 붓다

제1판 제1쇄 발행일 2021년 11월 11일

글_ 강호진
기획_ 책도둑(박정훈, 박정식, 김민호)
편집_ 엄기수
디자인_ 정하연
펴낸이_ 김은지
펴낸곳_ 철수와영희
등록번호_ 제319-2005-42호
주소_ 서울시 마포구 월드컵로 65, 302호(망원동, 양경회관)
전화_ (02)332-0815
팩스_ (02)6003-1958
전자우편_ chulsu815@hanmail.net

ⓒ 강호진 2021

* 이 책에 실린 내용 일부나 전부를 다른 곳에 쓰려면 반드시 저작권자와
  철수와영희 모두한테서 동의를 받아야 합니다.
* 잘못된 책은 출판사나 처음 산 곳에서 바꾸어 줍니다.

ISBN 979-11-88215-66-9 03220

철수와영희 출판사는 '어린이' 철수와 영희, '어른' 철수와 영희에게
도움 되는 책을 펴내기 위해 노력하고 있습니다.

사유를 쏟아, 붓다

글 · 사진
강호진

철수와영희

자서 自敍

나는 권위나 체제에 순응하기보다는 비판하고 변화시키려는 상관傷官의 기운을 타고났다. 서열과 줄서기를 중시하는 이 땅에서 살아가기가 녹록치 않았지만 덕분에 진영과 체제 바깥에서 사유하고 글을 쓸 수 있었다. 내 성정은 성철性徹스님에게 받은 일각一角이란 법명에서도 드러난다. 하나의 뿔은 무소의 외뿔처럼 타협 없이 제 갈 길을 가는 것을 두고 하는 말일 것이다. 그런데 내게 화엄의 바다를 가르쳐주신 해주海住스님은 법명을 다르게 풀어주셨다. 원효가 소를 타고 다니면서 소의 두 뿔 사이에 벼루를 걸어놓고 양극단의 사유를 일심一心으로 녹여내는 글을 썼듯, 일각 또한 세상의 다양함을 묶어낼 수 있는 원융한 뿔이어야 함을 깨우쳐주신 것이다.

오랫동안 불교철학과 불교미술, 그리고 불교 수행은 전문성이란 미명하에 서로의 영역을 건드리지 않는 암묵적 카르텔을 유지해왔다. 그러다보니 거기에서 벗어나려는 움직임이나 일상에 터 잡은 글 쓰기는 잡스럽다고 폄하하기에 이르렀다. 나는 잡스러운 것이야말로 세상의 진정한 모습임을 화엄을 통해 배웠다. 화엄의 다른 이름은 잡雜화엄으로 세상의 어떤 것도 버릴 것이 없다는 가르침이다. 따라서 이 책은 불교철학과 불교미술을 일상의 잡스러움과 상관相關해서 읽어내려는 반가사유半跏思惟의 몸부림이라 할 수 있다. 반가사유란 한쪽 다리만 가부좌를 튼 상태의 사유를 말한다. 이런 자세를 취한 이유는 심해深海를 홀로 잠수하다 익사해버리거나, 그림이란 형상에 몰두한 나머지 불교의 대해大海에 발 한 번 담그지 못한 채 물러나버리는 전철을 밟지 않기 위해서다. 글을 쓰는 내내 바다를 유영遊泳하는 중도中道적 수영법을 잊지 않으려 애썼다.

근래 서양철학을 바탕으로 불교를 설명하는 책들이 대중과 소통하고 있다. 나는 이런 현상이 반갑다. 불교는 불교 전문가들만 다룰 수 있는 배타적 소유물이 아니라 인류를 위한 공공재다. 따라서 능력 있는 이가 불교를 선용하는 모습은 박수칠 일이다. 그러나 한계도 있다. 불교의 사유는 논리나 이론적 정합성을 추구하는 부분도 있지만, 실제적 삶을 위해선 그것을 철회하거나 내던질 수도 있는 방편으로서 지혜이기 때문이다. 나는 불교의 교화 방식이라 할 수 있는 불교미술을 통해 불교 사유가 지닌 고유성과 경계를 허무는 자유분방함을 동시에 보여주고자 했다.

  이 책은 수많은 이의 도움 덕에 가까스로 나오게 되었다. 세상이 이 책을 허락한 데엔 아마 이유가 있을 것이다. 부디 책과 인연을 맺게 될 독자들이 그 이유를 찾아내주길 바랄 뿐이다.

2021년 가을에 쓰다

차
례

자서 ... 4

첫째 장   **모든 것은 인연 따라 일어나니**

선재동자는 생각하지 마 ... 13
―여수 흥국사 선재동자순례도
그렇게 어른이 된다 ... 25
―해남 대흥사 송학도
오! 한강 ... 34
―보성 대원사 나한도
여자는 무엇으로 사는가 ... 43
―양산 신흥사 관음삼존도

둘째 장   **연못에 노닐던 물고기 한 마리**

꽃은 텅 빈 공간에서 핀다 ... 55
―부산 범어사 천인도
참 신통한 당신 ... 65
―대구 용연사 불구니건도
저들은 저들이 하는 짓을 알지 못하나이다 ... 77
―구례 천은사 바수반두조사도
서유기가 필요한 시간 ... 88
―양산 통도사 서유기도

셋째 장　문득 진리의 달빛을 쐬고

믿음의 그릇　　　　　　　　　　　... 101
　―파주 보광사 연화화생도
야반삼경에 손가락을 만져보라　　... 111
　―청주 월리사 한산습득도
남은 것은 이름뿐　　　　　　　　... 121
　―경주 기림사 여래공양도
진리는 어떻게 증명되는가　　　　... 132
　―양산 통도사 견보탑품도

넷째 장　남쪽의 거친 계곡을 건너

이태백이 노든 달아!　　　　　　　... 145
　―상주 남장사 이백기경상천도
말 없는 말은 어떻게 듣는가　　　... 154
　―영덕 장육사 문수·보현보살도
사람의 무늬, 아는 것의 즐거움　　... 163
　―논산 쌍계사 서왕모도
우리는 모두 기독교인이다　　　　... 173
　―공주 마곡사 하마선인도

다섯째 장　구름을 뚫고 하늘로 오르니

옛날 소설을 읽으러 도서관에 갔다　... 185
　—고창 선운사 기우귀가도
타인의 발견　... 194
　—청도 운문사 관음·달마도
그런 달마는 없다　... 204
　—양산 통도사 달마전법도
추락하는 것에는 날개가 있다　... 215
　—순천 선암사 가루라·긴나라도

여섯째 장　마침내 용이 되어 구슬을 얻다

네 운명에 침을 뱉어라　... 229
　—안성 청룡사 반야용선도
스승은 없다　... 239
　—수원 용주사 이교취리도
파랑새가 있다　... 249
　—강진 무위사 백의관음도
중생이 없으면 부처도 없다　.... 263
　—해남 미황사 천불도

첫째 장

모든 것은 인연 따라 일어나니

여수 홍국사
선재동자순례도

선재동자는 생각하지 마

예전에는 갓 불문佛門에 든 수행자에게 허락되지 않는 금서가 있었다. 호기심에 슬쩍 들춰 보기만 해도 스승에게 '네까짓 게 어디 감히'라고 혼쭐이 나던 책은 『화엄경』이다. 지금은 그런 금기가 많이 사라졌다고 하지만, 사찰 승가대학에선 여전히 최고 학년인 대교반大敎班에 올라가서야 『화엄경』을 배운다. 보조국사 지눌은 『화엄경』을 읽다가 그간 막혔던 것이 툭 터지는 느낌에 너무 기쁜 나머지 경을 머리에 인 채 눈물을 흘리며 방 안을 돌았다는데 옛 스승들은 왜 읽지 못하게 한 것일까? 문제는 모두가 지눌 같은 근기

* 불교의 가르침을 대하는 자세나 그릇을 뜻한다. 심오한 법문을 잘 이해하고 곧바로 믿음과 실천으로 옮길 수 있는 이를 상근기라 하고, 교화와 수행이 어려운 이를 하근기라 부른다.

根機*를 지니지는 않았다는 데 있다. 대부분은 『화엄경』을 배우는 순간부터 반감이 싹트기 시작한다. 강원講院을 졸업한 후에는 쳐다보지도 않는다는 승려도 부지기수고, 경을 판타지 소설 정도로 일축하는 불교학자도 적지 않다. 여기서 그치면 그나마 다행이다. 제 깜냥에 맞추어 곡해한 경우에는 다스릴 약도 없다.

『화엄경』에는 선재동자가 승열바라문을 찾아가 어떻게 보살행을 닦고 이루는지 묻는 장면이 나온다. 승열바라문은 "네가 이 칼날 같은 산봉우리에 올라 불구덩이로 몸을 던지면 모든 보살행이 청정해지리라"라고 답한다. 선재동자는 승열바라문이 보살의 가면을 쓰고 자신의 목숨을 빼앗고 깨달음을 방해하려고 나타난 악마가 아닐까 의심한다. 『화엄경』에는 선재동자의 의심 뒤에 다음과 같은 대목이 이어진다.

** 불교에 흡수된 범천, 제석천과 같은 인도의 신들로 불교의 진리와 가르침을 보호하는 역할을 한다.
*** 깨달음으로 이끄는 참된 스승.

승열바라문을 의심하던 선재동자는 여러 신중神衆**의 법문을 듣고 바라문이 진실한 선지식善智識***임을 깨달아서 엎드려 절하며 말했다. "제가 거룩하신 선지식을 알아보지 못하고 착하지 못한 마음을 내었나이다. 거룩하신 이여, 부디 저의 참회를 받아주소서."(중략) 선재동

{ 여수 흥국사 선재동자순례도 } 선재동자는 생각하지 마

자는 즉시 칼산에 올라 불구덩이에 몸을 던졌다. 떨어지는 와중에 보살의 선주삼매善住三昧를 얻었고, 몸이 불꽃에 닿으면서 해탈의 즐거움인 신통삼매神通三昧를 얻었다.

승열바라문과 함께 잘못된 가르침을 전하는 이로 오해하기 쉬운 무염족왕無厭足王과 바수밀다 역시 경전에서는 참된 선지식으로 그려진다. 상식적으로 도를 얻기 위해 절벽에서 뛰어내리고, 사람의 사지를 베고, 몸을 파는 행위가 보살의 수행이라 여기긴 어렵다. 『화엄경』이 왜 초심자에겐 금서였는지 짐작할 수 있는 대목이다. 하지만 금기가 강할수록 열망도 타오르기 마련이다. 인지언어학자 조지 레이코프가 『코끼리는 생각하지 마*The All New Don't Think of an Elephant!*』에서 소개하는 '프레임 이론'처럼 『화엄경』에 대한 강력한 금기는 도리어 『화엄경』만을 생각하게 만든다. 실제로 한국에서 유통되던 불교 경전 가운데 가장 방대하고 난해하며 가장 큰 영향력을 행사한 『화엄경』을 통과하지 않고선 한국 불교를 제대로 안다고 말하기 어렵다. 플라톤이 세운 아카데미아에 '기하학을 모르는 자, 이 문을 들어서지 말라'는 문구가 적혀 있다면, 한국 불교로 들어서는 거대한 문 앞에는 '화엄을 모르는 자, 불법을 논하지 말라'라는 경고문이 있는 셈이다. 우리는 무모하게도 『화엄경』에 대한 몇 가지 풍문을 바탕으로 선재동자를 만나러 여수 흥국사로 갈 것이다. 행여 기존에 쌓아온 알음알음의 혈穴 자리가 막힐까

두려운 이라면 여기서 몇 페이지를 건너뛰는 것도 나쁘지 않은 선택이다.

다시 만나서 반갑다. 조지 레이코프가 옳았다. 당신은 지금 이 문장을 읽고 있고, 이것으로 『화엄경』의 난해함과 난센스를 받아들이겠다는 암묵적 계약이 이루어진 것으로 알겠다. 본격적인 이야기에 앞서 양해를 구할 것이 있다. 숙종 때 일본에 두 차례 건너가서 울릉도와 독도가 조선 땅임을 서계書契로 확약 받은 안용복과 그의 두 번째 도일渡日과 밀접한 연관이 있다고 알려진 흥국사의 승려 뇌헌雷軒의 이야기는 여기서 다루지 않을 것이다. 기록에 '순천

흥국사 대웅전. 흥국사는 임진왜란과 정유재란 때 승병과 의병의 주둔지이자 훈련소로 호남 지역 항쟁의 중심이었다.

{ 여수 흥국사 선재동자순례도 } 선재동자는 생각하지 마 17

흥왕사興旺寺 승려'라고 되어 있는 '뇌헌雷憲'이 여수 흥국사 대웅전 벽화를 시주한 사람으로 기록된 승려 뇌헌雷軒과 동일 인물이라는 일각의 주장은 흥미롭고 심지어 타당하게 보이기까지 하지만 우리가 가야 할 길과는 다르기 때문이다. 아, 이러면 안용복과 흥국사 뇌헌의 이야기를 얼추 해버린 셈인가?

우리가 만날 벽화는 대웅전 후불벽後佛壁* 뒷면의 관음보살도이다. 그림 속 관음보살은 흰 옷을 걸치고 바다 위에 솟아난 연화보좌蓮花寶坐에 앉아 있다. 왼쪽에는 관음의 지물持物인 정병淨瓶과 버드나무, 파랑새가 있고, 그 아래에는 선재동자가 고개를 완전히 젖힌 채 관음보살을 우러르고 있다. 벽화의 관음은 후불탱** 속 불보살과 얼굴이나 눈매가 비슷해 1693년에 후불탱화를 제작한 천신天信과 의천義天이란 금어金魚가 그린 것으로 추정된다. 벽화는 드물게도 해남 미황사의 천불도나 창녕 관룡사 대웅전의 인물도처럼 종이에 그림을 그려서 벽에 붙이는 첩부貼付 벽화이다. 벽화 여기저기에 종이가 찢겨나간 부분이 보이는 것도 이 때문이다. 여기선 벽화를 관례대로 관음보살도라고 부르는 대신 선재동자순례도善財童子巡禮圖라고 이름 붙일 것이다. 명칭이 생경할 수도 있겠지만 일리가 없는 것은 아니다. 관음 벽화의 배경이 되는 『화엄경』「입법계품」을 보면 관음보살은 선재동자가 만나는 53명의 선지식 가운데 한 명

* 불단 뒤에 세워진 벽.

** 후불벽에 걸린 불화.

에 지나지 않는다. 그래서 「입법계품」의 진짜 주인공인 선재의 순례를 중심으로 그림을 살펴보자는 것이다.

선재善財라는 이름을 요즘 말로 하면 '대박이' 혹은 '복덩이' 정도가 될 것이다. 선재는 큰 재물이란 뜻으로 선재가 어머니의 뱃속에 있을 때부터 집안에 돈과 보석이 저절로 쌓였기에 붙은 이름이다. 선재가 살던 동네인 복성福城 동쪽 사라娑羅나무 숲에 문수보살이 와서 법문을 할 때 선재는 문수를 처음 만난다. 문수보살의 법문을 듣고 감동한 선재는 깨달음을 향한 마음을 내고, 이를 위한 보살행을 어떻게 실천하는지 묻는다. 문수는 덕운비구라는 선지식을 소개해 주고, 덕운비구는 다시 해운비구를 소개하는 방식으로 53명의 선지식을 만나는 긴 순례가 이어진다. 선재가 만나는 선지식은 보살이나 승려도 있지만 장자長者***, 거사, 우바이**** 같은 재가불자在家佛者뿐만 아니라 뱃사공과 아이, 심지어 이웃

선재동자순례도 부분, 선재동자. 불교의 수행은 조용한 곳에 홀로 머무는 것이 아니라 세상 모든 이를 자신의 스승으로 삼는 일임을 선재동자의 순례는 상징적으로 보여준다.

*** 큰 재물 지닌 이.
**** 재가 여성 신도.

종교인까지 망라한다. 이것이 『화엄경』이 지닌 묘미인데 불교적 가르침은 오직 불교 안에서만 구할 수 있다는 편견을 허물어버린다. 선재가 순례의 길 끝에서 만나는 선지식은 보현보살이다. 이때 선재는 모든 것이 평등함을 이루는 경지에 도달한다. 소위 깨달은 이가 되어 진리의 세계인 법계에 들어선 것[入法界]이다. 이처럼 선재가 만나는 53명의 선지식은 화엄 보살도菩薩道*의 순차적인 수행 단계와 일치한다. 선지식을 만날 때마다 점점 더 높은 경지에 오르다가 마지막에 깨달음에 이르는 것이다. 여기까지는 어려운 것이 없다. 원인과 결과, 시작과 끝이 일직선을 이루는 선형적 구조 속에 있다고 믿는 상식과 잘 부합하기 때문이다. 그런데 여기서 이해를 멈추면 『화엄경』을 보았으되 진짜는 보지 못한 것이다.

* 깨달음을 이루기 위한 보살의 수행.

 벽화 속 선재를 다시 보자. 선재는 관음보살의 연화좌대에서 뻗어 나온 또 다른 연꽃 위에 서 있고, 관음의 머리 뒤에 그려진 광배光背와 같은 녹색 두광頭光도 있다. 선재는 관음과 한 몸이자 똑같은 성인聖人인 것이다. 이는 선재가 깨달음을 구하기 위해 관음보살을 찾아온 것이 아님을 알려준다. 이러한 사실은 승열바라문을 만날 때에도 암시되어 있었다.

 "절벽에서 떨어지는 와중에 보살의 선주삼매를 얻었고, 몸이 불꽃에 닿으면서 해탈의 즐거움인 신통삼매를 얻었다."

선재는 이미 해탈의 즐거움을 얻었다. 그렇다면 선재의 깨달음은 열 번째 선지식인 승열바라문을 만났을 때 얻은 것일까? 선재는 처음 문수를 만나 깨달음을 향한 마음을 낸 그 순간 이미 깨달음의 세계에 들어간 것이다. 이후의 순례는 끝없이 법계를 장엄莊嚴**하며 펼치는 보살행이자 부처로서의 순례였을 따름이

{ 여수 흥국사 선재동자순례도 } 선재동자는 생각하지 마

다. 의상은 「법성게法性偈」에서 이러한 경계를 '초발심시변정각初發心時便正覺', 즉 처음 깨달음을 얻겠다고 마음을 낸 그 순간 깨달음을 이룬다고 노래했다. 화엄의 수행론을 '가도 가도 본래 그 자리[行行本處]'이고, '이르고 이르러도 출발했던 그 자리[至至發處]'라고 말하는 것은 중생이란 단지 자신이 부처임을 깨닫지 못한 부처이기 때문이다. 『화엄경』에선 다음과 같이 말하고 있다.

** 깨달음의 실천과 중생 구제의 공덕을 쌓아 나가는 일, 혹은 불전을 꽃이나 공양물로 장식하는 일.

신기하고 신기하구나.
어찌해서 이 모든 중생들이 여래의 지혜를 다 갖추고 있는가?
그런데 어리석고 미혹해서 알지 못하고 보지도 못하는구나.

하지만 대부분은 이 엄청난 복음福音을 감당하지 못한다. 중생은 늘 멀리 있는 부처를 찾아 헤매는 것으

『화엄경』의 가르침은 관음보살이 밟고 있는 성스러운 연꽃이 곧 범부인 나의 발아래에도 피어 있음을 믿는 것에서 출발해 그 사실을 확연히 깨닫는 것에서 마무리된다. 곧 시작점인 믿음과 종착점인 깨달음은 결국 같은 자리다.

로 만족하고 산다. 『화엄경』의 가르침은 통장에 어마어마한 돈을 가지고 있음에도 그 사실을 몰라서 평생 한 푼도 꺼내 쓰지 못하는 중생의 가난한 삶을 바꾸라고 권하는 것에 다름 아니다. 어떻게 바꾸는가? 자신이 부처임을 확고히 믿는 순간 오래전부터 부처였던 자신을 발견하는 것이다. 여기서 확고한 믿음은 단순히 믿음의 강도나 세기를 말하는 것이 아니라 믿음의 완성을 말한다.

화엄교학은 예로부터 신만성불信滿成佛이란 말을 써왔다. 믿음을 완성하면 깨달음을 이룬다는 뜻이다. 믿음의 완성은 어떻게 이루는가? 이는 『화엄경』「보살문명품菩薩問明品」에서 그 힌트를 얻을 수 있다. 「보살문명품」은 지혜와 심신深信을 대표하는 문수보살이 마치 초심자처럼 아홉 명의 보살에게 질문을 한다. 문수는 믿음으로 나아가는 데 있어서 생기는 각각의 의심을 질문하고, 보살들은 그 의혹을 해소해주는 구성으로 되어 있다. 문수보살의 질문은 중생들이 보기에 불법이 품고 있는 모순, 예를 들어 '마음의 성품은 하나라고 하면서, 어찌하여 중생에게는 각각의 차별이 존재하는가' 등에 집중이 되어 있다. 「보살문명품」의 마지막에 이르면, 지금껏 질문에 대한 답을 했던 보살들이 도리어 문수에게 부처의 경계가 무엇인지 묻고, 문수는 그 깨달음의 경계를 게송으로 설한다. 설주說主가 드라마틱하게 바뀌는 것이다. '질문하는 문수'와 '설법하는 문수'가 결국 한 사람이란 것을 통해 우리는 믿음의 완성이 불법에 대한 의혹을 완전히 타파하고 지혜의 완성을 이루는 것이란 사실을 알 수 있다. 또한 출발로서 믿음과 결과로서 깨달음이 실은 둘이 아니었음을 알게 된다. 이름하여 인과동시因果同時. 화엄에서 믿음을 깨달음으로 나아가는 바탕이자, 깨달음 그 자체라고 말하는 이유가 이것이다. 그렇기에 선재동자가 선지식을 만나서 의심하는 것도 믿음의 완성이 덜 되어서가 아니다. 선재동자의 의심은 문수보살이 「보살문명품」에서 그랬던 것처럼 중생의 입장에서 의문을 제기하고 그것을 해소하려는 교묘한 장치로 이해할 수 있다.

 전국을 돌며 빼어난 관음 벽화를 많이 접해왔지만 선재동자는 모두 관음과 일정한 거리를 두고 가르침을 구하는 아이로만 묘사되어 있었다. 그래서 관음도는 관음도일 뿐 『화엄경』의 진의를 담아낸 선재동자순례도라 부를 만한 것이 없었다. 흥국사에 이르러 관음과 선재가 둘이 아닌 선재동자순례도를 만나게 되니 벽화를 머리에 이고 눈물이라도 흘리고 싶은 심정이다.

해남 대흥사
송학도

그렇게 어른이 된다

10년 만에 찾은 해남 대흥사는 내가 알던 절이 아니었다. 분초를 다투며 변해가는 세상에서 절집만 옛 자취를 고수하라고 할 순 없지만, 대흥사의 변모가 유독 서운한 이유는 푸르던 시절의 비망록이 뭉텅이로 뜯겨나간 기분이었기 때문이다. 풋풋한 얼굴들이 두륜산 능선을 맴돌다 희미하게 사라진다. 나는 고개를 흔들며 천불전千佛殿으로 향한다.

천불전은 대흥사 전각 가운데 가장 은밀한 공간에 자리 잡고 있다. 가허루駕虛樓를 통과하면 중정中庭이 나타나고 그 마당을 가로질

천불전 오른쪽 벽의 송학도

러 서 있는 전각이 천불전이다. 용화당龍華堂과 봉향각奉香閣은 천불전을 좌우로 호위하며 바깥을 차단하는 역할을 하고 있어 마당에 들어서는 순간 안온한 분위기에 휩싸이게 된다. 천불전 기둥에 걸린 주련柱聯을 보니 이곳이 천 명의 부처를 모신 전각임을 강조라도 하듯 '천千'이란 글자가 여러 번 반복된다.

세존*이 앉으신 도량에[世尊坐道場]
청정하고 큰 광명이 쏟아지는데[淸淨大光明]
마치 천 개의 해가 떠오른 것 같아서[比如千日出]

* 부처의 다른 이름으로, '세상에서 가장 존귀한 사람'이라는 뜻.

모든 세계를 환히 비추네[照耀大千界]

천 개의 해[千日]는 깨달음의 세계인 지정각세간[智正覺世間]*을 상징하는 천불[千佛]이고, 모든 세상[大千界]은 지정각세간, 중생세간[衆生世間], 그리고 기세간[器世間]**을 모두 합친 세계이다. 주련의 글귀는 삼세간[三世間]이 모두 광명, 즉 세존의 가르침과 연기[緣起]의 이법[理法]에 포섭되어 있음을 말하고 있다. 한 명의 세존에서 시작해 대천계라는 무한으로 뻗어나가고 무한은 다시 하나로 수렴함에 걸림이 없으니, 경전에서

* 부처와 보살의 세계.
** 산하대지 등의 자연물.

천불전에서 본 중정과 맞은편의 가허루

불법을 '헤아릴 수 없다[不思議]'라고 하거나 '오직 부처만 알 바이지 나의 경계는 아니다'라고 말한 것이 이 뜻이다. 나는 내 경계가 아닌 것을 더 헤아려보고 싶은 욕망을 누르고 천불전에 오른다.

송학도松鶴圖는 천불전 안 오른쪽과 왼쪽 벽에 한 점씩 그려져 있다. 19세기 초반에 그려진 것으로 추정되는 벽화는 민화적 색채가 두드러지는 다른 사찰의 학 그림과는 달리 그 필선과 채색에 있어 천불전 중심 벽화로서 품격을 갖추고 있다. 무엇보다도 대흥사 송학도의 매력은 화면의 절반을 허공처럼 비워둔 데 있다고 할 것이다. 이 벽화의 여백은 동양화의 상투적 기법으로 치부하기엔 그 함의가 깊은데, 주련이 그러하듯, 벽화도 반복과 중첩을 통해 천불전이 지닌 의미를 증폭시키고 있기 때문이다. 천불전의 입구인 가허루가 허공에 메어놓은 누각이란 뜻이고, 천불전의 천이라는 숫자 또한 다양한 중생의 근기에 맞추기 위해 허공 꽃[空花]*을 따라 이루어진 시설施設**임을 상징한다. 벽화 속 허공은 이처럼 천불전을 둘러싼 허虛와 공空이란 주제와 내밀하게 조응하는 것이다.

* 허공 꽃은 눈병이 난 이의 눈에만 보이는 현상으로 실제가 아닌 허상을 뜻한다.
** 방편으로 말해지는 가르침.

『금강경』에선 형상이나 음성으로 부처를 구하는 일을 삿된 도[邪道]라고 엄하게 꾸짖고 있지만, 법화나 화엄과 같은 일승一乘의 가르침에선 형상과 음성 같은 허에 기대지 않으면 현상에 젖어 있는 중생을 진리로 이끌 수 없고, 공한 가운데도 방편方便이 생긴다고 말하고 있으니 참으로 부처만 알 바이지 나

왼쪽 벽의 송학도

의 경계는 아닌 것이다.

천불전의 두 벽화는 공통적으로 한 그루의 소나무와 두 마리 학으로 구성되어 있다. 오른쪽 벽화에는 소나무 위에 앉은 학과 괴석 사이로 핀 화초를 향해 하강하는 학의 모습이, 왼쪽 벽화에는 바위에 나란히 서서 머리를 마주하는 학 한 쌍이 그려져 있다. 머리에 붉은 무늬가 있고 깃털이 흰 것으로 보아 단정학丹頂鶴이라 불리는 흰두루미인데, 그 가운데 한 마리는 청색 깃털을 지녔다. 예부터 학은 천 년을 사는 상서로운 동물로 여겨왔는데, 학의 수명이 여든 살 언저리였기에 가능한 상상이었을 것이다. 옛사람들은 학이 천 년을 살면 깃털이 푸른빛으로 변한다고 믿어 청학靑鶴이라 불렀고, 이천 년을 살면 검은색으로 변한다 해서 현학玄鶴이라 했다. 화사畵師는 천 년을 상징하는 학과 더불어 청학까지 그려놓음으로써 천千이라는 의미를 중첩시켜 놓았다. 천불전 주련과 편액에 등장하는 '천'이란 글자, 그림의 학이 상징하는 천, 그리고 천 개의 불상佛像이 겹치면서 불교에서 가장 큰 세계인 삼천대천三千大千의 세계가 펼쳐진다. 학과 소나무가 자연을 뜻하는 기세간이라면, 번다하게 구부러진 글씨는 갖가지 욕망을 따르는 중생세간을, 원만한 표정의 불상은 깨달음의 지정각세간을 의미하니, 모든 존재들의 세계가 천불전이

송학도 부분, 청학

천불전의 천불상. 천불상 바닥엔 '일(日)'이란 글자가 남아 있는데, 이는 경주에서 천불상을 제작해 배로 보내는 와중에 일본까지 표류했다가 다시 돌아왔다는 설화의 근원이 되었다. 그러나 일(日)은 주련 속 '천일(千日)'과 다르지 않은 의미이다.

라는 자그마한 공간에 함축되어 있는 것이다. 천불전을 단순히 천 명의 부처를 모셔놓은 공간으로 이해해서는 주련 속 '천 개의 해가 모든 세상을 비춘다'는 말이 지닌 의미는 영원히 '내 경계가 아

닌 것'이 되고 마는 셈이다.

그러나 과학적 사실을 중시하는 이들에겐 뜬구름 같은 천불전의 의미보다는 실제 생태와 동떨어진 벽화 속 학의 모습이 눈에 먼저 들어올 것이다. 학은 추수를 마친 논이나 습지에서 서식할 뿐 소나무 위에서 살지 않는다. 하지만 호작도虎鵲圖가 호랑이와 까치가 함께 있는 실제 풍경을 그린 것이 아니라 기쁜 소식이 들려오길 바라는 기원화이듯, 송학도 또한 장수長壽의 축원을 담고 있는 그림이다. 사시사철 푸른 소나무는 영원한 젊음을, 두 마리의 학은 부부의 원만한 해로를, 소나무 위의 학은 늘 젊게 오래 사는 것을 상징한다. 그림을 통해 학을 이해해온 대부분의 한국인은 학이 소나무 가지 위에 둥지를 튼 모습에 큰 이질감을 느끼지 않을 것이다.

이범선이 쓴 소설「학마을 사람들」에서도 학은 "마을 가운데 노송 위에 집을 틀"었다고 묘사된다. 이러한 묘사가 작가의 안일함에서 비롯한 것인지, 문학적 효과를 증폭시키기 위한 장치였는지 알 수 없지만, 소설은 공산당원이 된 청년 바우가 마을의 상징인 학을 죽이고 학이 살던 소나무까지 불태우는 결말로 이어진다. 당시 국정 국어교과서에 이 소설을 실었던 편집위원들은 있지도 않은 '학나무'를 불태워서 '나는 공산당이 싫어요'란 증오를 다지는 이 소설이야말로 환幻으로써 중생의 환을 제거하는 보살의 선교방편善巧方便*이라 여겼을 것이다.

* 중생을 제도하기 위한 교묘한 방편.

송학도 부분, 소나무 위의 학

학을 다룬 또 다른 소설로는 황순원이 쓴 「학」이 유명하다. 여기선 학의 생태에 대한 장황한 설명이 없다. '삼팔선 완충지대'에 서식하는 학 떼를 "흰 옷을 입은 사람들이 허리를 굽히고 섰는 것 같"다고 표현하는 것이 전부다. 하지만 어릴 적 단짝 동무였던 성삼이와 덕재가 한국전쟁 속에서 서로 적이 되어버린 비극적 상황을 어루만지고 화해시키는 계기는 학이다. 절대선도 아니고 절대악이라고도 할 수 없는 평범한 인간들이 시대적 상황과 연기緣起적으로 얽히며 펼쳐지는 이야기는 문학의 본령을 반추하게 만든다. 나는 늘 「학마을 사람들」보다 「학」이 더 좋았다. 하지만 돌아보니 나는 「학」의 성삼이와 덕재처럼 서로 아우르고 풀어주며 살지 못하고, 「학마을 사람들」의 덕이와 바우처럼 단절하고 불태우며 살아왔다. 때론 소소한 오해가 쌓여서, 때론 신념이 달라서 함께할 수 없다고 생각했다. 내 삶에서 「학」은 그저 판타지였고, 「학마을 사람들」이야말로 '리얼'이었던 것이다.

  천불전을 나와 두륜산의 봉우리를 올려다본다. 봉우리 언저리에서 대흥사 천불전을 함께 참배했던 싱그러운 미소들이 아른거린다. 대흥사가 변하지 않기를 바랐던 것은 내 삶에서 사라진 그 따스한 미소들이 여기에서라도 보존되어 있었으면 하는 욕심이었다. 그러나 모든 것이 변한다는 제행무상諸行無常의 법칙과 인연으로 일어났다가 인연이 다하면 사라진다는 연기의 철리哲理 앞에서 나는 다시금 옷깃을 여밀 수밖에 없다. 무거운 침묵 속에서 일주문으로 발걸음을 돌리려는 찰나 어디선가 학 울음소리가 들려온다. 끝내 날아오르지 못한 학들의 비명. 하릴없이 주머니에서 오백 원짜리 동전을 꺼내 새겨진 학을 바라본다. 세파에 시달린 마음이 품을 수 있는 학은 오직 이것뿐인가. 우리는 그렇게 어른이 되었다.

보성 대원사
나한도

오! 한강

보성 대원사 극락전 벽에는 독특한 모습의 나한이 있다. 뒤틀린 나한의 몸은 비례를 벗어났고 괴석과 화초도 눈여겨볼 만큼 대단치 않다. 18세기 후반에 조성된 것으로 보이는 이 나한도는 미적 쾌감을 불러일으키는 그림은 분명 아니다. 극락전을 처음 찾은 이들이 이 그림보다는 동쪽과 서쪽 벽에 마주 그려진 관음도와 달마도에 마음을 뺏기는 것은 자연스러운 일이다. 그러나 보물로 지정된 두 점의 벽화를 젖혀두고 동측 구석의 나한도를 살펴보려는 데엔 나름의 이유가 있다. 거울을 쥔 나한을 그린 벽화가 드물기도

하려니와 거울이 품고 있는 여러 갈래의 의미는 음미해볼 가치가 있기 때문이다. 그림을 이해하기 위해선 나한이 거울을 든 이유를 파헤치는 것이 첩경일 테니, 이 이야기는 거울을 중심으로 펼쳐질 것이다.

거울은 하루에 한 번은 마주치는 물건이지만, 그에 대한 질문이 시작되는 순간 거울은 낯설어진다. 아우구스티누스가 『고백록』에

달마도(왼쪽), 관음도(오른쪽)
대원사의 달마도와 관음도는 거울로 서로를 비추듯 동서 양 측벽에 마주보며 그려져 있다.

서 "시간에 대해 묻지 않을 때 나는 시간을 안다. 그러나 그것을 설명하려는 순간 나는 시간을 모른다"라고 했듯 거울도 사정이 별반 다르지 않다. 거울에 비친 모습은 진짜 나일까. 좌우가 뒤바뀐 거울 속 형상이 진짜 나의 모습은 아닐 것이다. 그렇다면 내가 보고 있는 거울 속 존재, 아니 거울 속에서 나를 빤히 응시하고 있는 저 존재는 누구란 말인가. 이상李箱이 「거울」이란 시에서 "거울속의나는참나와는反對요만은/ 또꽤닮았소"라고 말한 존재 말이다. 생각할수록 거울 속의 내가 무서워지기 시작한다. 영화 〈용쟁호투〉에서 이소룡이 악당을 쫓아 들어간 거울방 신^{scene}에 이르러 관객의 아드레날린이 치솟는 것은 우연이 아니다. 영화는 거울에 비친 자신의 모습 사이에서 불쑥 튀어나올지도 모르는 낯선 존재, 즉 자신과 타자(他者)가 공존하는 거울의 무의식적 공포를 빼어나게 활용했다.

그러나 거울에 맺힌 상(像)이 내가 아닐 수도 있다는 불안은 유아에게는 해당되지 않는다. 생후 3개월부터 18개월 사이의 유아는 뜻대로 움직이거나 가눌 수 없는 몸을 지니고 있지만, 거울 속 이미지를 통해 통합적인 운동 능력을 지닌 신체로 자신을 인식한다. 거울 속의 모습과 자신을 동일시하면서 유아는 상상적 자아를 획

보성 대원사 극락전

득하게 되는데, 정신분석학자 라캉은 이를 '거울단계$^{\text{mirror stage}}$'라 말한다. 그렇다면 거울이 없는 환경에서 자란 유아들은 자아를 가지지 못하는가? 거울이 꼭 실제 거울이어야 할 필요는 없다. 유아는 자신의 행위에 반응하는 엄마의 표정과 신체적 행동을 자신의 거울로 삼는다. 거울단계의 특징은 허상에 대한 매혹으로 인해 실제 자신을 파악할 수 없다는 점이다.

성인이 거울을 볼 때 어떤 현상이 일어나는가? 통계에 따르면 거울에 비친 자기 외모에 만족하는 남성의 비율이 여성에 비해 월등히 높다. 여기엔 다양한 해석이 있겠지만, 나는 외모에 관한 한 남성이 여성에 비해 라캉이 말한 유아기적 거울단계를 더디 벗어나고 있다는 징표로 읽는다. 바꿔 말하면 여성이 남성보다 외모에 대한 사회적 압박을 더 일찍, 더 크게 받는다는 뜻이다. 『백설공주』에서 왕비가 거울을 보며 "거울아, 거울아, 세상에서 누가 가장 아름답니?"라고 묻는 장면은 상징적이다. 권력과 마법을 한 손에 쥔 여성일지라도 끊임없이 거울이라는 타자를 통해 자신의 외모를 검증받아야 하는 운명 말이다.

언어와 문화, 사회적 제도는 유아기에 형성된 상상적 자아에 찬물을 끼얹는 일종의 폭력이다. 프로이트 식으로 말하자면 '아버지'의 등장인데 이로 인해 상상적 자아와 현실 사이에 괴리가 발생한다. 이 균열이 오래 지속될수록 정신병적 분열이 발생할 가능성이 높은데, 소위 '정상'이라 불리는 대다수 성인은 아버지의 질서에 재빨리 복종함으로써 살아남은 이들이다. 그러므로 성인이 밖에 나서기 전 거울을 보면서 용모를 다듬는 이유는 유아기적 환영이나 나르시시즘적 만족을 위해서가 아니다. 직장 여성의 화장은 사회적 강요와 타인의 시선에 부합하기 위한 노동의 연장이 되고, 공무원의 무채색 일변도의 복장은 집단 규율이나 조직 문화가 다른 직장보다 더 억압적임을 드러낼 뿐이다. 불행히도 우리는 거울을 통해서는 자신의 참 모습을 살필 수 없다. 우리가 거울에서 발견하는 것은 법과 제도, 그리고 사회와 조직이 원하는 낯선 타자의 모습일 따름이다. 신영복은 '무감어수 감어인無監於水 監於人', 즉 물에 자신을 비춰 보지 말고 사람에게 자신을 비춰 보라고 말한 바 있다. 독아적獨我的 나르시시즘을 경계하라는 뜻일 것이다. 그러나 나는 이 글귀에서 타인이란 거울에 항시 의존할 수밖에 없는 인간 주체의 불안한 지위가 눈에 먼저 밟힌다.

불교는 거울을 어떻게 이해하고 있을까? 불교가 거울을 차용하는 방식은 긍정적이다. 『화엄경』에서는 부처의 마음을 맑고 밝은 거울[淨明鏡]에 비유했고, 유식唯識학파는 크고 둥근 거울이 실상을 온전히 비추듯 모든 것을 환히 아는 지혜를 대원경지大圓鏡智라 불렀다. 망자가 지옥에서 심판을 받을 때 등장하는 업경대業鏡臺 또한 생전의 삶을 가감 없이 보여주는 물건이다. 불교에서 거울은 실상을 드러내는 진실의 메타포metaphor이다. 불교의 거울은 예전 영화관 복도에 줄지어 붙어 있던 대형 거울과 유사한데, 거울에 자신을 비춰 봄으로써 관람객은 영화 속 주인공과 자신을 동일시했던 달콤한 환상에서 벗어나 현실을 마주하게 된다. 불교에서는 타인의 반응이나 시선이 아닌 마음의 거울에 스스로를 비추는 일이 우선되는 것이다.

거울이 모든 것을 매번 비출 수 있는 이유는 비추던 대상이 사라질 때 잔상이나 흔적을 제 안에 남기지 않기 때문이다. 거울은 공空하기에 거울일 수 있는 것이다. 거울이 하나의 실체나 개념으로 고착되는 순간 거울은 더 이상 거울의 기능을 하지 못한다. 시간이 지날수록 불교에서 거울의 비유는 참신함을 잃고 일심一心이나 지혜, 혹은 불성佛性 같은 말과 기계적으로 대응되기 시작한다. 여기에 맞서 거울을 사망의 골짜기에서 되살려낸 것은 선가禪家였다. '마음은 맑은 거울과 같다'라는 경전적 정의에 대해 '거울 따윈 애초에 없다[本來無一物]'라고 받아친 것이 대표적이다. 경우에 따라선 옛 거울이 있다고도 했다가, 그 거울이 항상 청정하다고도 했다가, 돌연 흠집이 생겼으니 거울을 부수라고

극락전 우물천장

내지르기도 한다. 선불교의 종잡을 수 없는 언어 게임은 거울이란 메타포가 처음 겨냥했던 의미를 되살리기 위한 고육지책苦肉之策이었다.

이제 벽화 속 거울로 돌아가 보자. 그림 속 나한이 든 거울은 무엇을 의미하는가? 불성佛性인가, 일심一心인가? 이 물음들에 답하기 전에 거울이 무엇을 비추고 있는지 먼저 살펴보아야 한다. 거울은 나한의 얼굴도, 주변의 사물도 비추고 있지 않다. 거울은 오직 무심한 회색빛으로 나한의 손에 들려 있을 뿐이다. 만일 거울을 든 나한을 주관主觀이라 하고 주변의 사물을 객관客觀이라 한다면, 거울은 주관과 객관을 모두 초월해 있는 셈이다. 마음의 거울이 형상과 분별을 떠났으니 이것이야말로 깨달음의 경지가 아닌가? 원상圓相처럼 둥글게 표현된 거울의 형태는 그 마음이 원만함을 갖추었음을 뜻한다. 화사는 거울을 통해 나한이 무심無心의 경지에 도달한 성자임을 말하고 있는 듯 보인다.

그러나 화사가 알지 못한 것이 있다. 불교에서 말하는 무심은 아무것도 비추지 못하는 죽은 거울(마음)을 의미하지 않는다. 무심이란 도리어 일반적 거울과 다르지 않다. 지눌은 『수심결』에서 '보고 듣고 지각할 수 있는 것은 너의 불성 덕이다[能見聞覺知者 必是汝佛性]'라고 했고, 『화엄경』은 '마음은 솜씨 좋은 화사와 같아서 온갖 것을 다 그려낸다[心如工畵師 畵種種五陰]'라고 말한다. 불교의 깨달음은 마음의 거울을 통해 진실을 들여다보는 것이지, 아무것도 느낄 수 없는 냉혈한으로 살기 위한 것이 아니기 때문이다. 만약 마음의 거울에 맺힌 형상들이 사라지지 않고 번뇌를 불러올 때는 어떻게 해야 하는가? 마음 자체를 부수면 되는가? 아무리 애를 써도 그 마음은 부술 수 없다. 마음이란 말 또한 메타포이자 공空이기 때문이다. 달마는 마음이 괴롭다고 찾아온 혜가에게 이렇게 말했다.

"그렇다면 괴롭다는 그 마음을 내놓아 보거라."

나는 지하철 출입문 창에 기대어 형광등 불빛에 반사된 내 모습을 바라본다. 거기엔 초췌하게 늙어가는 낯선 남자가 서 있다. 그때 지하철이 지상 구간으로 진입하면서 사방이 온통 빛으로 환해진다. 다시 창을 바라보니 남성은 사라지고 보이는 것은 오직 푸르게 흐르는 한강이다. 오! 한강.

양산 신흥사
관음삼존도

여자는 무엇으로 사는가

사람마다 제목 때문에 잊히지 않는 책이 한두 권쯤은 있을 것이다. 내겐 『항상 라캉에 대해 알고 싶었지만 감히 히치콕에게 물어보지 못한 모든 것』*Everything You Always Wanted to Know about Lacan: But Were Afraid to Ask Hitchcock*』이란 책이 기억에 남는다. 살다보면 묻고 싶지만 차마 묻지 못하는 질문들이 있기 마련이다. 직장 내 교육이나 워크숍에서 궁금한 것은 강의의 내용이나 강사의 자질 같은 것이 아니다. 밥은 언제 어디서 무엇을 먹는지, 중간에 몇 번을 쉬는지, 강의를 얼마나 빨리 마쳐줄 수 있는지 같은 것들만 궁금해지

는 것이다. 그런 면에서 『유마경維摩經』에 등장하는 붓다의 제자인 사리불(사리푸트라)은 우리와 닮아 있다. 그는 고담준론高談峻論의 법담法談이 오가는 와중에도 '이제 점심시간이 다 되어가는데 이렇게 많이 모인 보살들은 무엇을 먹을 것인가'를 생각한다. 유마거사는 수행자가 음식이나 생각한다며 사리불을 타박하지만 '중생이 아프니 나도 아프다'라고 말하는 유마거사보다는 내겐 점심 메뉴를 고민하는 사리불이 더 핍진逼眞하게 다가오는 것이다.

속으론 궁금하지만 선뜻 물어볼 엄두가 나지 않는 것은 불교에도 있다. 초심자 가운데는 연기緣起나 공성空性의 의미보다는 승려들이 몇 시에 자는지, 뭘 먹고 사는지, 왜 출가했는지 같은 것들에 관심을 두는 이들이 꽤 많다. 나는 한동안 관세음보살의 성별이 궁금했다. 불전의 관세음보살의 역할은 외모나 복색으로 보면 여성인데 희한하게도 수염이 그려져 있기 때문이다. 또 〈서유기〉 같은 중국 영화에 등장하는 관음보살의 역할은 늘 여성 연기자가 맡는데 티베트 불교에서는 관음을 남성으로 대우하는 것도 이상했다. 그렇다고 누군가에게 묻기도 어려운 것이 흐릿한 대답 뒤에 뒤따르는 비릿한 훈계, '대승보살은 무분별을 바탕으로 삼고 있는데, 아직도 보살의 성별 따위에 집착하고 있다니' 같은 말을 듣고 싶지 않아서였다.

관음보살이 최초로 등장한다고 알려진 경전은 『비화경悲華經』으로 무쟁념왕의 태자가 승가僧伽*를 공양한 공덕으로 보장여래에게 다음 생에는 관세음보살이 되리란 수기受記를 받는 내용이 나온다.

* 승려들로 이루어진 교단.

그러나 경에는 태자가 다음 생에 어떤 성별로 태어나 관세음보살이 되는지는 나오지 않는다. 대승의 주요 경전인 『화엄경』이나 『반야심경』에도 관음보살이 등장하지만 성별은 구체적으로 드러나 있지 않다. 『법화경』「관세음보살보문품」에는 관음보살이 중생을 교화하기 위해 남성이나 여성의 모습을 가리지 않고 33가지 모습으로 응현應現*한다는 내용이 등장할 뿐이다. 사찰 천도재에서 빠지지 않고 독송하는 「신묘장구대다라니」에는 관세음보살을 힌두 신인 시바^{Shiva}나 비슈누^{Vishnu}의 별칭에 빗대어 부르고 있는데, 두 신은 여신을 배우자로 둔 남신이다. 그렇다면 관음이 여성의 이미지로 각인된 배후는 중국을 의심할 수밖에 없다. 관음보살 벽화를 보러 굳이 양산 신흥사까지 간 것은 가장 중국적인 관음, 다시 말해 관음보살이 지닌 여성성의 근원을 알아보기 위해서다.

* 중생의 근기나 욕망에 맞추어 나타남.

신흥사 대광전大光殿의 관음삼존도觀音三尊圖는 후불벽 뒷면에 그려져 있는데, 세 명의 관음보살이 한 화면에 함께 등장한다. 일반적 삼존도 형식의 불화는 가운데에 부처가 앉아 있고 양 옆에 두 보살이 서서 협시夾侍하는 구도를 취하는데, 관음보살만으로 삼존도를 그려낸 것은 신흥사의 벽화가 유일

관음삼존도 부분, 수월관음

하다. 신흥사 관음삼존도는 벽화로선 드물게 검은색 바탕에 흰색 선묘로 그려져 있는데 빛이 잘 들지 않는 후불벽 뒤편에 서보면 그 이유를 알 수 있다. 화려한 색감이 힘을 발휘하지 못하는 어둑한 공간에서 불현듯 흰 빛으로 육박해오는 세 관음보살을 마주하는 순간 종교예술이 지닌 숭고미를 체감하게 되는 것이다.

삼존도 중앙의 관음보살은 오른팔을 무릎 위에 올리고 왼팔은 바닥을 짚은 채, 한 다리는 접고 다른 쪽 다리는 앞으로 늘어뜨린 유희좌遊戲座 자세로 앉아 있다. 발아래 찰랑대는 물결과 보살이 앉은 암벽은 이곳이 『화엄경』에서 관음보살의 거처라고 묘사한 보타락가산임을 알려준다. 왼편에 있는 관음은 백의관음白衣觀音으로 『대일경소』와 같은 밀교계 경전에서처럼 머리부터 흰 천을 늘어뜨리고 긴 소매 속에서 차수叉手를 하고 선 모습이다.

그런데 오른편에 있는 관음은 관음이라 부르기 애매한 모습을 하고 있다. 중앙과 왼편의 두 관음은 아미타 화불化佛이 새겨진 관음 특유의 보관을 쓰고 있는 것과는 달리 이 보살은 평범한 부인의 머리 장식을 하고 있다. 가슴을 과감히 드러낸 두 관음에 비해 신체 노출은 현저히 줄었고, 보살의 발아래에는 연화좌마저도 생략되어 있다. 머리에 둘러진 광배光背만 아니라면 대나무 바구니를 들고 장을 보러 나온 여느 필부匹婦의 모습과 다를 바 없다. 이 관음의 도상圖像**은 『삼재도회三才圖會』의 남해관음南海觀音에

** 종교미술에 나타난 성인의 형상이나 그림.

서 따온 것으로 물고기가 담긴 바구니를 들었다고 해서 어람관음魚籃觀音이라 부르기도 한다. 그러나 어람관음은 당·송 시대에 유행한 영험담과 설화를 바탕으로 붙여진 이름일 뿐 경전에서 찾을 수 없는 명칭이다. 어람관음을 때론 마랑의 부인이란 뜻을 가진 마랑부관음馬郞婦觀音이라고도 하는데 다음과 같은 설화를 근거로 한다.

불법佛法을 모르는 무도한 지역에 어느 날 바구니를 들고 물고기를 팔러 다니는 아리따운 여인이 나타난다. 고을 남자들이 여인의 미모에 반해 청혼을 하자, 여인은 「관세음보살보문품」, 『금강경』, 『법

관음삼존도 부분, 어람관음

화경』을 다 외운 남자와 혼인을 하겠다고 말한다. 결국 마랑이란 사내가 모든 관문을 통과해 여인과 결혼하게 되는데 결혼식이 끝나자마자 신부는 죽어버린다. 마랑이 부인을 장사지낸 후 실의에 빠져 있을 때 한 승려가 나타나 그 여인이 실은 관음의 화신임을 알려준다. 마랑이 부인의 관을 열자 시신은 온데간데없이 황금 쇄골만 남아 있었고, 이후 마랑은 깊이 깨친 바가 있어 불법에 귀의한다.

어람관음 고사에서 주목해야 할 부분은 이 설화를 맹아萌芽로 송·원 시대에 묘선妙善관음의 설화가 탄생하게 된다는 점이다. 묘선관음 설화의 최초 기록은 1100년에 북송의 한림학사 장지기蔣之奇가 어느 승려에게 들었다는 「향산대비보살전」을 비문碑文으로 옮긴 향산비香山碑에서 찾을 수 있다. 향산비의 내용은 다음과 같다.

옛날 어느 나라에 장왕莊王이란 왕이 세 딸을 두었는데 셋째 딸의 이름이 묘선이었다. 묘선이 시집을 가라는 아비의 명을 어기고 승려로 출가를 하려 하자 장왕은 딸을 요괴라 여겨 죽이려 한다. 아비에게서 빠져나온 묘선은 열심히 수행하다가 아비가 몹쓸 병에 걸렸음을 알게 되고, 자신의 손과 눈을 바쳐서 아비를 살려낸 후 관음보살이 되어 중생을 제도한다.

묘선관음의 고사는 명·청대 설창문학說唱文學과 소설에서 수없이 변주되며 관음보살이 여성이라는 인식을 대중에게 확고히 심어주는 계기가 된다. 청나라 말기에 쓰인 소설『관음보살전기』에는 묘선관음과 마랑부관음을 하나로 엮어서 묘선이 아비를 살리고 관음보살이 된 이후에 마랑의 처가 되어 그를 제도했다는 이야기가 실려 있다. 이 이후로 묘선관음과 마랑부관음의 구별조차 어렵게 되었다.

그런데 오늘날 여성의 입장에서는 중국 고사에서 관음보살을 여성으로 설정한 것이 그리 달갑지 않을 것이다. 고사는 관음을 통해 남성 주도의 세상에서 여성이 살아남을 수 있는 방법을 넌지시 전파하고 있기 때문이다. 한낱 '요괴'로 취급되는 여성이 자신을 죽이려 했던 아비를 위해 자신의 손발을 자르고, 성적 매력을 통해 남성을 깨달음으로 이끄는 도구가 되어야 비로소 보살로 인정받는 이야기의 바탕에는 여성에 대한 비하와 혐오가 자리 잡고 있다. 여기서 중국의 불교 설화와 불교의 가르침은 엄연히 다른 영역이니 두 가지를 섞어 말해선 안 된다고 주장하는 이도 있을 것이다. 하

『삼재도회』의 남해관음

지만 오늘날 시각으로 볼 때 명백한 여성 폄하나 여성의 소외가 몇몇 경전과 논서에 기술되어 있는 것은 부정할 수 없다. 대표적으로 여성의 몸으로는 결코 성불할 수 없다거나, 여성은 남성으로 다시 태어나야지만 성불할 수 있다는 논리 말이다.

그렇다면 불교는 오직 반여성적 종교인가? 신기하게도 양성평등 사상을 찾으려고 마음을 먹으면 그 예가 넘치는 게 불교 경전이기도 하다. 불경이란 어떤 사안에 대해 원하는 답을 미리 정하고 찾기 시작하면 반드시 그것에 대한 근거를 얻을 수 있는 신기한 요술 주머니에 가깝다. 팔만사천법문, 혹은 팔만대장경이라 부르는 방대한 말들의 바다에서 건져 올리지 못할 것은 없기 때문이다. 이처럼 불경은 어떤 식으로 쓰느냐에 따라 나를 일깨우는 도구가 되기도 하고, 한편으론 내가 보고 싶은 것만 비춰주는 욕망의 거울로 전락하기도 한다. 그렇기에 2015년에 작고한 리타 그로스는 『가부장제 이후의 불교』에서 불교와 페미니즘 양자의 공통점을 '여성과 남성의 공동 인간성$^{co\text{-}humanity}$을 위한 근본적인 수행$^{radical\ practice}$'이라 말했던 것이고, 교단 내 기득권을 쥔 비구들은 엄숙한 표정으로 경전과 계율을 들먹이며 늘 남근중심적^{phallocentric} 불교를 견지하려 애를 쓰는 것이다.

한국 불교계 내부의 여성관은 아직까지 묘선관음 설화가 만들어진 시절에서 크게 벗어나 있지 않다고 해도 과언이 아니다. 일례로 수년 전 한국 불교를 대표하는 종단의 수장은 비구니가 뭉치면 총무원장 선거 결과가 좌우되기 때문 투표권을 줄 수 없다고 공식적으로 말하기도 했다. 여성은 승가의 진정한 구성원이나 주체적 생각을 지닌 인격체로 인정할 수 없다는 뜻이다. 여성 출가자의 지위가 이러한데 하물며 여성 재가신도는 어떻겠는가.

여성에 관한 세상의 인식이 바뀌었다고 말하는 이가 많지만, 바뀐 것은 세상이 아니라 여성들뿐이다. 그간 숨죽여왔던 여성들이 목소리를 내기 시작한 것이 변화라면 변화다. 만약 당신이 남성이고 불교의 평등한 가르침을 삶의 가치관으로 삼고 있음에도 최근 여성들의 목소리가 성가시고 불편하게 느껴진다면, 혹은 여성들에게 '진정한 페미니즘'이 무엇인지 가르쳐주고 싶은 욕망에 자꾸만 사로잡힌다면, 불교의 인간해방과 실천수행의 가르침이 페미니즘과 통한다고 분석한 리타 그로스의 다음 말을 곱씹어볼 필요가 있다.

나는 단언컨대 대부분의 불교계에서 나타나는 현 상태의 젠더체계[gender arrangements]를 받아들일 수 없다. 실제로 내가 대부분의 불교계에 존재하는 그 조건 속에서 여성 불자가 되어야 한다면, 불교를 내 종교로 선택하지 않을 것이다.

아마 당신도 그럴 것이다.

둘째 장

연못에 노닐던 물고기 한 마리

부산 범어사
천인도

꽃은 텅 빈 공간에서 핀다

천인天人은 하늘에 사는 이를 이르는 말이다. 경전에서도 천인은 그 정체가 명확하진 않지만, 역할로 보자면 불교라는 대하드라마 속 보조연기자 정도에 비유할 수 있겠다. 부처가 등장하면 하늘에서 내려와 꽃을 뿌리고 공양을 바치고 음악을 연주하곤 금세 사라져버리는 존재. 천인은 대부분 배경으로 소모되고 말지만, 좋은 연출자를 만나면 간혹 주연급으로 올라서기도 한다. 에밀레종에 새겨진 비천飛天은 범종의 상징이 되었고, 『유마경維摩經』에 등장하는 천녀天女는 석가의 상수제자인 사리불의 어리석음을 깨우쳐주

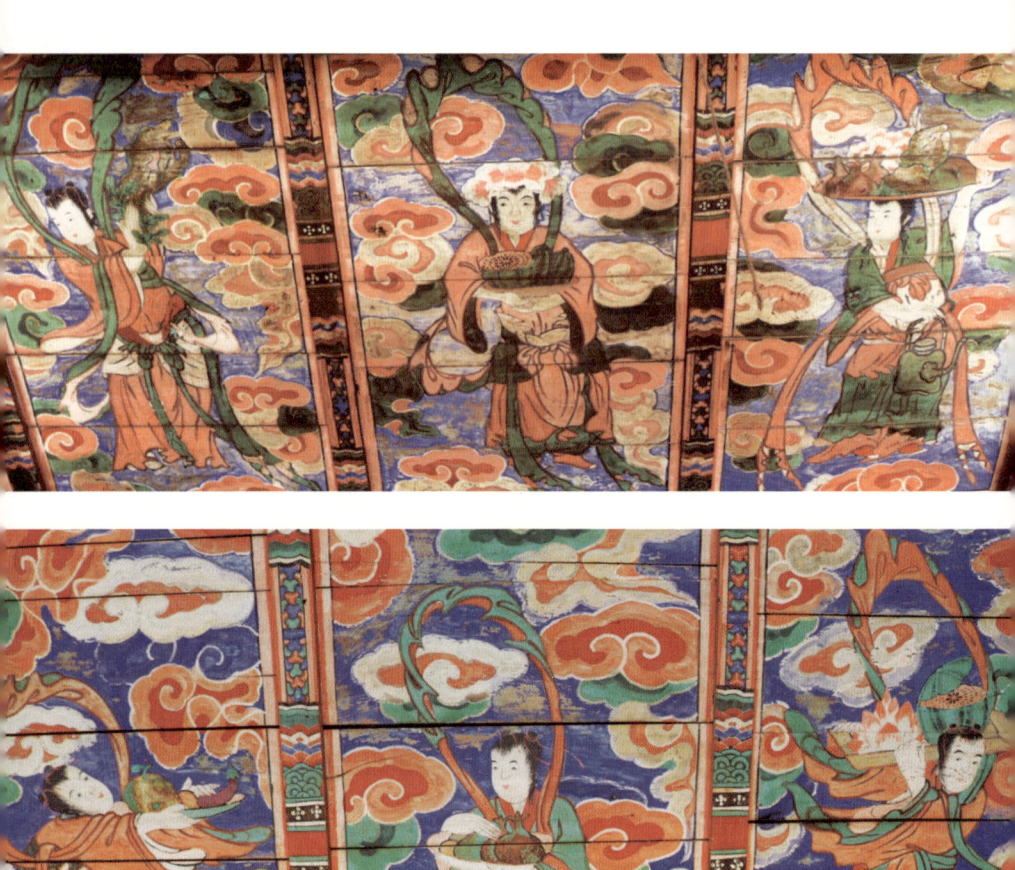

는 스승 역할을 맡았다. 범어사에 벽화로 그려진 천인들은 이들만큼 유명하지는 않지만 나름대로 탄탄한 입지를 지니고 있다. 이런

저런 벽화들과 섞여 그려지기 마련인 천인이 오직 자신들만 출연하는 전용 무대를 마련한 것이다. 이들이 출연하고 있는 극장의 이름은 부산 범어사의 '팔상·독성·나한전'이다.

팔상·독성·나한전은 절집에 오래 다닌 이들에게도 생소한 명칭이다. 팔상전, 독성전, 나한전은 각각의 전각으로 세워지는 것이 보통이고 세 전각이 한 건축물 안에 자리 잡는 경우는 범어사가 유일하기 때문이다. 그러나 함께 모여 있으되 전각별로 벽을 세우고 출입문을 따로 두어 독립된 공간의 성격은 유지하고 있으니 한 건물에 세 가구가 사는 공동주택인 셈이다. 범어사의 팔상·독성·나한전이 이런 모습을 갖춘 것은 그리 오래된 일은 아니다. 세키노 타다시關野貞가 1902년 범어사를 조사하고 남긴 평면도를 보면, 지금 전각이 있는 자리에 팔상전과 나한전이 독립된 건축물로 있었고 두 전각 사이에는 천태문天台門이 서 있었음을 확인할 수 있다. 범어사는 1905년에 중수를 통해 천태문이 있던 공간에 독성전을 증축해서 전체를 하나로 이어버렸다. 그래서 팔상전과 나한전은 세 칸씩 동일한 크기지만, 가운데에 자리한 독성전은 한 칸 규모의 협소한 전각 모습을 하고 있는 것이다. 이 건축의 또 다른 특징은 들보 위 뚫린 공간이 있어서 옆 전각의 기도 소리나 말소리가 넘나든다는 점이다. 옆 전각의 천장이 보이는 것은 벽화를 이해하는 데 있어 중요한 요소가 된다.

팔상·독성·나한전은 42개의 판으로 이루어진 빗반자가 설치되

범어사 팔상·독성·나한전

어 있는데 각 판마다 천인이 한 명씩 그려져 있다. 42명의 천인도는 공양, 악기 그리고 춤이라는 세 주제로 나누어진다. 독성전의 천인은 석류, 연화 같은 공양물을 바치는 모습이고, 나머지 전각의 천인은 나각, 소고, 해금 같은 악기를 연주하거나 춤을 추는 모습이 골고루 섞여 있다. 천인을 둘러싼 청색 바탕과 오방색의 구름은 마치 건물 내부가 온통 꽃으로 장식된 듯한 착시를 일으킨다. 범어사를 찾은 국내외의 관광객들이 유독 팔상·독성·나한전 앞에서만 오래 머무는 이유는 천인도가 빚어내는 화려한 무대와 다채로운 공연에 매료되기 때문일 것이다.

백자도

동녀상

특이하게도 여러 천인들 가운데 독성전의 여섯 천인은 유아에 가까운 모습을 하고 있다. 이는 독성전 벽에 그려진 백자도百子圖와 연관해서 읽어야 그 비밀이 풀린다. 백자도는 해맑게 놀고 있는 아이들을 그린 길상화吉祥畵로 자손을 많이 얻고 무병장수하기를 바라는 축원도이다. 오직 아이의 모습으로 그려진 천인도는 백자도와 함께 독성전이 가진 기도 공간으로서 특성을 드러내는 동시에 그 영험함을 고조시키는 역할을 한다. 그것은 바로 범어사 독성전이 오래전부터 아이가 없는 이들이 찾아와 기도를 하면 그 소원을 반드시 이룬다고 알려진 영험한 전각이라는 것이다. 이러한 사정을 알면 독성전 입구의 아치문 양쪽에 새겨진 꽃 공양을 올리는 동자, 동녀 한 쌍의 의미도 이해할 수 있다.

사실 지금까지의 이야기는 정보와 지식의 나열에 지나지 않는다. 우리는 천인도 벽화에서 화엄의 철학을 읽어낼 수 있어야 한다. 벽화를 보면 42명의 천인은 표정이나 자세, 찬탄의 방법에서 겹치는 데가 없다. 하지만 각각의 고유성이 벽화 전체의 조화를 깨뜨리지 않는다. 도리어 천인들이 지닌 개성으로 인해 벽화는 더욱 다채롭고 풍요로워진다. 이처럼 개별의 차이를 존중하면서 개별이 전체를 대표하거나 혹은 전체의 일부로서 함께 어우러지는 것에 조금의 장애도 없는 경계를 화엄철학에서는 '사사무애事事無碍' 혹은 '일즉일체다즉일一卽一切多卽一'이라 한다. '일즉일체다즉일'은 의상의 「법성게」에 나오는 구절로 하찮은 먼지 한 톨에도 온 우주가 담겨 있고, 아무리 광대한 우주일지라도 한 톨의 먼지와 다르지 않다는 뜻이다. 윌리엄 블레이크의 시 「순수를 꿈꾸며Auguries of Innocence」에도 이와 비슷한 구절이 나온다.

한 알의 모래에서 세계를 보고
한 송이 풀꽃에서 천국을 본다
네 작은 손바닥 안 무한을 붙잡아

찰나 속 영원을 움켜쥔다

이러한 사유의 바탕에는 불일불이^{不一不二}라는 화엄의 중도사상^{中道思想}이 자리 잡고 있다. 불일불이란 우주는 먼지와 같은 것도 아니지만, 그렇다고 다른 것도 아니라는 뜻이다. 화엄중도는 형식논리학의 모순율을 위배하는 설명 방식이다. 같지 않으면 다른 것이고, 다르지 않으면 같다는 이분법적 논리 구조 속에서 같음과 다름이 동시에 존재할 수 없다. 그러나 모든 존재는 독립적 실체가 아니라 상호 연기^{緣起}되어 생겨나고 사라진다고 말하는 불교의 입장에선 세계의 실상을 드러내기 위한 가장 적실한 설명 체계가 중도인 것이다. 이처럼 상반되는 두 개념을 아우르면서도[不二] 개체의 특성은 살리는[不一] 사유가 화엄의 중도이자 사사무애가 지닌 의미이다. 그런데 많은 사람들이 화엄의 '일즉다 다즉일'의 철학을 전제왕권에 기여한 사상이라 오해한다. 왜냐하면 그렇게 배웠기 때문이다.

오늘날 대학 강단이나 사설 학원의 강의에서조차 의상의 화엄 사상과 전제왕권을 연결 짓는 작업은 쉼 없이 이루어지고 있다. 그들이 주장하는 핵심은 다음과 같다. '의상은 진골 출신에다 당나라 유학까지 다녀온 엘리트 승려이다.' 이게 전부다. 분명 한 문장만 말했을 뿐인데 이미 의상의 사상과 행적에 대한 결론까지 내려진 셈이다. 귀족 출신 유학파 승려가 귀국한 뒤 무엇을 했을지 상상해보길 바란다. 이때 누군가가 '의상은 중국에서 배워온 화엄으로 전제왕권을 뒷받침할 사상적 토대를 제공한 뒤, 왕실과 귀족들의 전폭적 지지 속에서 제자를 3000명이나 양성하고 전국에 화엄 십찰을 세워 화엄종의 위세를 떨쳤다네'라고 속삭인다면 누군들 흔들리지 않겠는가. 여기에 유학도 거부하고 이 땅의 민중과 더불어 사느라 제자를 한 명도 키우지 못한 육두품 출신의 원효를 슬며시 가져다 대면 의상은 일고의 가치도 없는 속물로 전락한다.

그러나 우리의 상상력만으로는 닿을 수 없는 '기록'이 남아 있긴 하다. 의상은 귀국 후 소나 말도 발을 들일 수 없는 골짜기로 들어가 수행을 했고, 백성을 동원해 성을 쌓으려는 왕에게 간청해 공사를 막았고, 왕이 하사한 전답과 노비를 거절했다는 기록이 있지만, 그다지 중요한 기록은 아닐 것이다. 또 의상이 제자 300명과 90일간 『화엄경』에 대한 문답을 나눈 곳이 서라벌의 대찰이 아니라 소백산 골짜기의 초가였고, 그 문답을 정리한 대표 제자 지통이 노비 출신이었음은 고려의 대상에서 제외해야 한다. 우리의 찬란한 상상력을 방해하기 때문이다. 특히 의상의 '일즉다 다즉일'이 전제왕권과 철학적으로 어떤 관련이 있는지 질문하는 것은 금기이다. 이 주장은 엄밀한 논증이나 기록을 바탕으로 한 것이 아니라 화엄철학을 오해한 원로 역사학자의 권위에서 비롯했기 때문이다. 전제왕권이란 모든 권력이 왕에게 집중된 체제를 의미한다. 그는 일^{一}이 왕이고 다^{多}는 백성이라고 보아, '일즉다 다즉일'

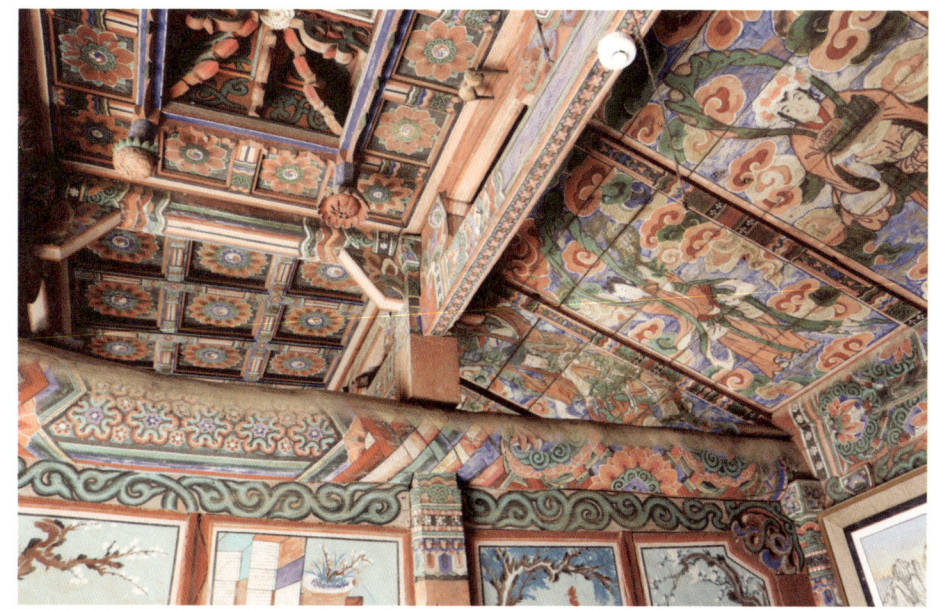

들보 위 텅 빈 공간은 42점의 벽화가 하나로 어우러지는 바탕이 된다.

이 왕의 권력에 초점을 맞춘 철학이라고 주장했다. 설령 그 논리를 따른다 할지라도 일즉다[집이 곧 국가다] 다음에 등장하는 다즉일[백성이 곧 왕이다]은 설명이 되지 않는다. 의상이 귀족 출신이라는 선입견과 화엄철학에 대한 무지, 그리고 학계에서의 권위가 화학작용을 일으켜 의상 화엄이 전제왕권의 철학이라는 유령이 아직도 한국을 배회하고 있는 것이다.

화엄에서 일즉다 다즉일이 가능한 이유는 모든 존재가 실체로서의 존재가 아닌 텅 비어 있음[空]을 본성으로 하기 때문이다. 팔상·독성·나한전의 벽화가 화엄의 원융철학을 생생하게 구현하는 데에는 건축물의 독특한 구조도 빠트릴 수 없다. 팔상전, 나한전, 독성전이 개별적 공간으로 분할되어 있으면서도 하나의 건축물로 자연스럽게 어우러지는 것 또한 화엄의 철학인 것이다. 그러나 하나의 지붕을 함께 이고 있는 구조일지라도 벽이 꽉 막혀 있었다면 벽화는 팔상전에서 나한전까지 하나로 원융하게 이어지지 못했을 것이다. 빗반자에 연속적으로 그려놓은 천인들이 걸림 없이 넘나들며 서로를 보듬을 수 있는 것은 결국 들보 위 텅 빈 공간 덕분이다. 즉 비어 있음으로 인해 세상을 꽃처럼 장엄하는 화엄華嚴의 세계가 열리는 것이다. 이는 화엄의 원융이 통합이란 미명하에 개인을 전체적 질서에 부역하게 만들려는 통치자의 철학이 아닌, 스스로를 버리고 비워내려는 수행자의 철학임을 뜻한다. 화엄의 꽃은 욕망이 가득 찬 곳에선 필 수 없다. 꽃은 텅 빈 공간에서 비로소 피어난다.

대구 용연사
불구니건도

참 신통한 당신

"공수부대 애들은 삼천배 같은 건 선 자리에서 다 해버린다니까."

잠자리에 들기 전, 몇 사람이 나지막하게 삼천배에 대한 경험을 나누는데 눈매가 찢어진 사내가 큰 목소리로 끼어든다. 그 말에 머리가 반백半白인 중년이 나선다.

"성철性徹스님은 그 자리에서 만 배도 하실 걸."

서울에서 온 새까만 얼굴의 사내도 말을 받는다.

"스님은 축지법 같은 게 있지 않겠어요? 깨달은 도인道人이시니까요."

　나는 속으로 실소를 금치 못했지만, 방 안에서 이들의 대화를 듣고 있던 다른 이들은 의외로 공감하는 눈치였다. 대화는 종국에 실전 싸움에 가장 유용한 기술이 복싱인가, 유도인가 따위의 객쩍은 이야기로 흐지부지되었지만 말이다. 이 대화는 중학생 시절 어머니를 따라 해인사 백련암에 아비라 기도를 하러 갔을 때 들은 것이다. 수십 년이 지난 지금, 3박 4일 동안 십수 명이 좁아터진 방에서 함께 기도하고 서로 포개어 잤던 불편함보다 먼지처럼 가

볍던 이 대화가 더 선명하게 남은 걸 보면 허망한 세상에서 이야기보다 오래가는 것이 무엇일지 궁금해진다.

여기에도 한 이야기가 있다. 불교가 지닌 수많은 이야기 중 하나일 뿐이지만, 나는 그 이야기를 만나러 영하 17도의 혹한에 대구행 기차에 몸을 실었다. 대구 비슬산 용연사에 도착했을 땐 정오를 지나 있었지만 추위는 조금도 누그러지지 않았다. 극락전에 들어서니 맨발로 빙판 위에 서 있는 느낌이다. 발가락이 아린 정

용연사 극락전

도를 넘어 감각까지 점점 무뎌지는데 찾는 벽화는 얼른 눈에 들어오지 않는다. 그도 그럴 것이 극락전 내부에는 18세기에 조성된 것으로 추정되는 70여 점의 벽화가 장엄되어 있기 때문이다. 나는 극락전을 한 바퀴 돌고 난 뒤에야 겨우 시뻘겋게 타오르는 불길을 만난다.

 붓다는 화염 속에서 선정인禪定印을 한 채 평온한 미소로 앉아 있고, 그 앞에는 얼기설기 엮은 나뭇잎 옷만 걸친 사내가 바닥에 주저앉아 있다. 벽화의 모본이 되는 『석씨원류응화사적』에서는 사내가 바닥이 아닌 높이 쌓은 장작더미 위에 앉아 있지만 그게 무슨 대수겠는가. 나는 당장이라도 저 불 가까이로 가서 언 몸을 녹이고 싶다. 그러나 나보다 더 급해 보이는 건 저 헐벗은 사내다. 사내는 실제로 붓다를 감싼 불길 속으로 뛰어들었다. 벽화는 『잡보장경』에서 99번째 등장하는 '니건자가 큰 불더미 속에 몸을 던졌다가 붓다에게 제도된 인연[尼乾子投火聚爲佛所度緣]'을 그린 것인데, 화제畫題를 '불구니건佛救尼乾'*이라고만 했으니 대다수의 사람들은 그림에 담긴 이야기를 짐작조차 하기 어려울 것이다. 우선 『잡보장경』에 기록된 붓다와 사내의 사연을 살펴보자.

* 붓다가 자이나교도를 구하다.
** 붓다가 살아 있을 때, 브라만교 전통에서 벗어난 여섯 학파.

부처님이 사위국에 머물면서 육사외도六師外道**의 권속들을 점차로 교화하자, 육사외도 가운데 하나인 자이나교도 500명은 실의에 빠져 장작불 속에 몸을 던져 다음 생을 도모하려 했다. 이 사정을 안 붓다는 큰 자비의 마음으로 그들이 몸을 태우려고 모아둔 장작더미 옆으로 가서는 자신의 몸에서 불길을 일으키는 화광삼매火光三昧에 들었다. 이때 붓다의 큰 불을 본 자이나교도들은 기쁜 마음에 외쳤다.

"우리가 굳이 불을 붙일 필요가 무엇이겠는가? 모두 저 큰 불 속으로 뛰어들자."

그들은 불 속에 뛰어들자마자 몸과 마음이 시원해지고 상쾌해졌는데, 그 불 속에 붓다가 있음을 보고 환희로운 마음이 생겨 출가를 결심하게 되었다. 붓다가 "잘 왔구나, 비구여"라고 말하자 그들의 머리와 수염은 저절로 떨어져 나가고, 사문沙門의 옷이 입혀

졌다. 붓다가 법을 설하자 그들은 그 자리에 서 깨달아 모두 아라한과^{阿羅漢果}*를 얻게 되었다.

> *소승불교에서 깨달음에 이른 성자를 아라한(arhat)이라 한다. 아라한은 '공양받을 만한 이'라는 뜻으로 나한 혹은 응공(應供)이라 부른다.

『잡보장경』의 이야기는 여기서 끝나지 않는다. 불전의 일화들이 그렇듯 붓다가 과거세에서도 그들과 인연이 있었음을 말하는 전생담이 덧붙여져 있다. 불교의 전생담을 지루한 사족쯤으로 여길 수도 있지만, 여기엔 사람과 사람의 만남을 일회적인 사건이나 우연으로 치부해버리고 마는 경박함에 대한 경책이 담겨 있다. 사람들 사이에 맺어진 관계는 과거의 업력^{業力}과 인연의 작용에 기인하고 있다는 사실을 상기시키는 것이다. 전생담에 따르면 붓다는 전생에 비사거^{比舍佉}란 상인들의 우두머리였고, 자이나교도들은 그를 따르는 상인이었다. 상인들은 비사거의 경고에도 불구하고 바다에서 보물을 건져 욕심대로 배에 가득 싣는 바람에 배가 침몰했고, 비사거는 자신이 건진 보물을 모두 바다에 버린 다음 빈 배에 상인들을 태워 살려주었다는 것이다. 이 일을 겪은 후 비사거는 출가해서 오신통^{五神通}을 얻었고, 상인들도 따라서 출가해 오신통을 얻었다는 이야기로 마무리된다. 현생과 전생을 오가며 불과 물에서 사람들을 구했다는 이야기는 최근 드라마나 영화의 자극적인 반전에 비하면 밋밋한 것이 사실이지만, 대충 흘려듣다가 스르륵 잠이 들어도 좋을 옛이야기는 그것만이 지닌 맛이 있는 법이다.

불구니건도 부분. 니건자. 불교와 비슷한 시기에 성립된 자이나교는 비록 신도 수는 적으나 오늘날까지 종교적 결속이 매우 강한 편이다. 흰옷을 입는 백의파(白衣派)와 맨몸으로 수행하는 공의파(空衣派)로 나뉜다.

그런데 이야기 가운데 납득하기 어려운 대목이 있다. 바로 '신통神通'이다. 붓다가 큰 불을 만든 것도 신통이고, 전생에 수행하여 얻었다는 것도 불교의 육신통 가운데 누진통漏盡通**을 제외한 다섯 가지 신통이다. 불전에는 신통과 관련한 일화들이 적지 않게 나온다. 모세가 홍해를

** 번뇌를 완전히 끊는 해탈.

{ 대구 용연사 불구니건도 } 참 신통한 당신 71

갈랐듯 붓다도 니련선하(네란자라) 강물을 가른 뒤 그 사이로 걸었고, 예수가 귀신 들린 자를 치유했듯 붓다도 사람을 해치는 독룡을 발우鉢盂*에 담아 버렸다. 신통이란 인간의 인식이나 자연의 법칙을 벗어난 초능력이나 초월적 사건을 말하는데, 종교적 기적도 이 범주에 속한다. 그러나 과학과 상식을 삶의 준거로 삼는 현대인들에게 신통이나 기적이란 말은 뜨악한 무엇일 것이다. 근대적 사유의 세계를 열어젖힌 철학자 스피노자도 기적을 인정하지 않았다. 자연의 섭리가 신에게서 비롯한 것이라면 자연의 법칙을 벗어난 기적은 신의 무능과 한계를 드러낼 뿐이라 여겼다. 범신론자인 그에게는 자연 자체가 신이었던 것이다.

　선불교는 '밥 먹고 똥 누는 것이 도道'라는 평상심을 강조한다. 일상과 육체적 노동을 수행과 동일시했던 문화 속에서 신이神異나 기적이란 말이 발붙일 곳은 없었다. 나 또한 선불교의 자장 속에서 성장했던 터라 신통이란 사람을 현혹하는 사술詐術이거나 기껏해야 절대자에 대한 믿음을 북돋우고 전법과 포교를 위한 방편으로 지어낸 것이라 생각했다. 하지만 이제는 『법화영험전』 같은 가피加被**와 이적에 관한 이야기를 읽더라도 비교적 유연한 입장으로 바라볼 수 있게 되었다. 그것은 과학적 분석과 이성적 판단력을 쓰레기통에 던져둔 대가로 얻은 것이

* 나무를 대접처럼 깎아서 칠을 한 승려의 공양 그릇.

** 부처나 보살이 자비(慈悲)를 베풀어 중생을 이롭게 함.

불구니건도 부분, 화광삼매에 든 붓다. 신이와 이적에 대한 불교의 입장은 모순적이다. 경전에서는 깨달음의 증거로 육신통과 삼명(三明) 같은 초월적 요소를 강조하는가 하면, 붓다가 제자들에게 신통을 금지하는 모습도 나타난다. 불교에 대한 이해는 이러한 모순 속에서 길을 잃거나 반대로 깊어지게 마련이다.

아니라 일천한 경험과 제한적 정보로 세상사를 일언지하에 판단해선 안 된다는 나름의 겸손에서 비롯한 것이다.

불교적 신통이나 이적 가운데 가장 흔하고 대표적인 것이 방광放光이다. 붉고 환한 빛을 내는 방광에 얽힌 이야기는 나도 몇 차례 들은 적이 있다. 언젠가 교계의 고위직 승려와 이야기를 나눌 기회가 있었는데, 그는 무슨 말 끝에 "신통 같은 건 다 방편설이지 실제로 있는 게 아니야"라고 단호하게 말했다. 그는 불교계에선 드물게 진보 성향에 합리적 사고를 하는 이로 알려진 승려였다. 그런데 그 이야기를 함께 들은 선방 출신의 승려는 그 자리를 나오면서 혼잣말처럼 중얼거렸.

"수행을 제대로 해본 적이 없으니 저렇게 말하는 거지."

그에게 신통을 믿느냐고 묻자, 그는 자신의 도반道伴 이야기를 꺼냈다. 수년간 선방禪房에서 열심히 공부하던 도반이 어느 날 화두를 타파하게 되었는데, 그날 밤 방광이 일어나 마을 사람들이 절에 불이 난 줄 알고 몰려왔다는 것이다. 방광 사건은 그 일대에서는 유명한 이야기라고 했다.

다른 하나는 내 어머니에게 들은 이야기다. 어머니는 성철의 열반 1주기를 맞아 하루 전날부터 백련암에 머물며 기도를 했는데, 저녁 무렵 뭔가 터지는 듯한 굉음이 들려서 다른 신도들과 함께 절 마당으로 나가보니 생전에 성철이 거처했던 염화실 지붕에 동그랗고 타오르는 듯한 붉은빛이 십여 분 동안 머무르는 것을 보았다고 했다.

"딱 염화실 지붕 위에서만 붉은빛이 이리저리 떠다니더라. 내 눈으로 직접 안 봤다면, 거짓말이라고 했을 거다. 죽음이 끝이 아니라고, 끝까지 정진하라고 보여주신 게지."

그렇다면 벽화 속 붓다를 감싸고 있는 불길도 이와 같은 방광이 아닐까? 사실 불길에 휩싸인 부처의 모습은 우리에게 낯선 형상이 아니다. 불상 뒤로 솟은 커다란 광배가 바로 불꽃을 형상화한 것이기 때문이다. 이글거리는 불꽃 문양이 새겨진 광배는 부처의 몸에서 나오는 빛, 즉 방광을 상징한다. 대승경전에는 늘 부처의 방광이 등장한다. 특히 『화엄경』의 세존은 미간의 백호白毫와 입, 치아, 발바닥 등에서 빛을 내뿜어 보살을 삼매에 들게 하고 그 삼매 속에서 부처의 진리를 보게 한다.

그래서 신통과 이적이 실재하는 것이냐고 묻는다면 깨달음에 이르지 못한 나로서는 잘 모르겠다고 답할 수밖에 없다. 다만 내가 주목하고 싶은 것은 불교에서 신통과 이적을 접하게 되는 연유나 상황이다. 붓다가 불을 만든 것은 니건자가 불을 원했기 때문이고, 선방 승려와 내 어머니가 어떤 빛을 방광이라 확신한 것은 치열한 수행과 깨달음이 헛된 것이 아니라는 믿음이 있었기 때문이다. 불교의 신통을 누군가는 중생을 현혹하는 사기로 치부하겠지만, 누군가는 목숨을 살리고 수행에 채찍질을 가하는 미묘한 가르침으로 받아들일 것이다. 그렇게 보자면 『화엄경』 「야마궁중게찬품」에 등장하는 '일체유심조一切唯心造'란 게송은 신통과 이적에 대해서도 예외가 아닌 셈이다.

만약 어떤 이가[若人欲了知]
과거, 현재, 미래의 모든 부처를 완전히 알고자 한다면[三世一切佛]
존재 세계의 참 성품을 꿰뚫어 보아야 한다[應觀法界性]
그것은 '모든 것이 오직 마음이 지어냄'이다[一切唯心造]

추위 속에서 두 시간 가량 머물렀던 극락전을 나서며 떠오른 건 오래전에 들은 또 다른 이야기였다. 20여 년 전 나는 깊은 산중에 박힌 조그마한 절에서 홀로 기도를 하던 중 한 중년 사내를 만났다. 지방의 시청 공무원인 그는 불전에 삼배三拜를 어떻게 드리는지조차 알지 못하는 초짜였는데, 그런 그가 갑작스레 휴가까지 내어 절에서 며칠간 머물며 기도를 하겠다는 것이 이상했다. 어떻게 오시게 되었냐는 질문에 그는 몇 차례나 망설이더니 조심스럽게 이야기를 꺼냈다. 돌아가신 그의 어머니가 꿈에 나타나 '너는 절에 백일기도를 올려 어렵게 얻은 자식이니, 부디 절에 가서 기도를 해라'라고 말하면서 처음 듣는 사찰 이름과 위치까지 구체적으로 알려줬다는 것이다. 그때는 그저 신기한 일이라고만 여겼는데 지금 생각해보니 당시 그에겐 말할 수 없는 큰 고통이 있었음이 분명하다.

  신통과 이적, 그에 대한 사실 여부를 가늠하는 것보다 더 중한 것은 이야기 자체일지도 모르겠다. 그 중년 사내의 얼굴은 흐릿해졌어도 이야기만은 생생하게 남아 있듯 말이다. 당신이 누군가에게 이 이야기를 다시 전할지는 알 수 없지만, 세상에 남는 것은 결국 이야기, 고통의 세상을 견디며 살아가는 사람들이 저마다 지녀온 속 깊은 이야기라는 것만은 알 것 같다.

구례 천은사
바수반두조사도

저들은 저들이 하는 짓을
알지 못하나이다

아이가 아이였을 때/ 질문의 연속이었다/ 왜 나는 나이고 네가 아닐까?/ 왜 나는 여기에 있고 저기에는 없을까?/ 시간은 언제 시작되었고 우주의 끝은 어디일까?/ (중략) 내가 나이기 전에는 대체 무엇이었을까?/ 나란 존재는 언젠가는 내가 아니게 될까?

영화 〈베를린 천사의 시〉는 페터 한트케의 시 「유년기의 노래 Lied Vom Kindsein」로 시작한다. '내가 내가 되기 전에는 무엇이었을까?'라는 물음은 중국의 향엄香嚴 선사가 스승 위산潙山에게 받은 유

명한 화두인 '부모미생전본래면목[父母未生前本來面目]'*을 떠올리게 한다. 이런 종류의 질문은 또 다른 질문을 낳는다. '나 이전의 나'를 찾으려는 '지금의 나'는 누구일까? 영화에서 「유년기의 노래」를 읊던 천사 다미엘은 불멸을 버리고 인간이 되는 선택을 한다. 천사는 질문이 허용되지 않는 존재다. 하지만 그는 아이처럼 질문을 사랑했고 삶의 굴레가 던지는 질문 속에서 살아가기 위해 인간을 택했다. 인간만이 고통과 환희 속에서 자신에 대한 질문을

• 부모에게 태어나기 전 나의 본 모습은 무엇이었나.

멈추지 않는 존재이기 때문이다. 불교가 인간을 바라보는 입장도 이와 비슷하다. 불교는 여섯 갈래의 윤회 세계를 상정하는데, 천상계, 인간계, 아수라계, 축생계, 아귀계, 지옥계가 그것이다. 여기서 깨달음을 얻기에 가장 유리한 위치에 있는 것은 인간계에 속한 이들이다. 천상계는 너무 즐거워서, 지옥계는 너무 고통스러워서 자신을 돌아볼 엄두를 내지 못한다. 고통과 환희를 온탕과 냉탕처럼 오가는 인간만이 스스로에 대한 본질적인 질문을 던지게 된다는 것이다. 하이데거가 말한 '근본 기분'인 '권태'나 '불안' 그리고 그것이 유발하는 존재에 대한 근원적 질문도 인간이기에 생기는 것이다.

붓다도 삶의 권태와 죽음에 대한 불안 사이에서 방황하던 이였다. 그는 집을 뛰쳐나와 여러 스승을 찾아다니며 답을 구했다. 붓다의 스승 편력을 쫓다보면 그가 얼마나 절박한 심정이었는지 느낄 수 있다. 어느 순간 그는 깨닫게 되었다. 자신의 문제에 대한 답을 제시해줄 사람은 자기 자신뿐이란 사실을. 그는 다시 아이처럼 스스로를 향해 질문을 던지기 시작했다. 그가 복잡하고 테크니컬한 명상법이나 자신을 몰아붙이는 고행을 버리고 유년시절 농경제農耕祭에서 경험했던 편안하고 기초적인 선정禪定으로 복귀한 것은 이러한 깨달음에서 비롯한 것이었다. 그는 자신에게 질문하는 것을 두려워하지 않음으로써 마침내 모든 질문으로부터 자유로워졌다. 붓다가 얻은 자유를 스피노자 식으로 표현하자면 "참된 자

소나무가 우거진
천은사 일주문 길

유는 선택할 수 있는 자유가 아니라, 모든 것을 붙잡는 것, 즉 근원을 이해하는 것"이었다. 붓다는 자신에 대한 질문을 통해 자신뿐만이 아니라 모든 존재가 짊어진 고통의 본질을 꿰뚫어 보았던 것이다.

붓다가 열반에 든 지 900년쯤 뒤 간다라 지역에 세친世親*이란 천재가 등장한다. 마

* 범어로는 바수반두, 혹은 와수반두라 부른다.

명馬鳴, 용수龍樹 등 극소수의 승려에게만 허락된 보살이란 칭호를 세친에게 붙이는 것만 보더라도 불교사에서 그가 차지하는 위상을 짐작하는 것은 어렵지 않다. 만약 세친이 없었다면 이후에 전개된 불교사상사의 두께는 몹시 얇아졌을 것이다. 그런데 그의 사상적 행로를 살피다 보면 붓다에 버금가는 방황이 있었음을 알게 된다. 붓다는 종종 이웃 종교인들에게 모욕과 멸시를 받았지만, 세친은 자신의 방황으로 인해 같은 불교도에게도 증오의 대상이 되곤 했다. 부파불교 중 하나인 설일체유부說一切有部의 계승자 중현衆賢이 『아비달마순정리론』에서 세친을 향해 쏟아낸 말들은 집안싸움이 더 험악하다는 사실을 잘 보여준다.

"세친은 무슨 이유로 경량부 상좌들과 함께 못된 패거리를 이루어 넘볼 수 없는 공덕과 깨달음을 갖춘 붓다의 성스러운 제자들을 비방하고 중생들을 악의 구렁텅이에 빠트리는가? 지금이라도 헛소리를 그치길 바란다."

중현이 괜히 욕을 퍼부은 것은 아니다. 세친은 부파불교를 대표하는 설일체유부의 핵심 교리를 담은 『아비달마구사론』을 쓰면서 곳곳에 경량부의 학설을 빌려 설일체유부를 비판했던 것이다. 『바수반두법사전』에 따르면 세친은 처음에 설일체유부로 출가했으니 고향을 배신한 셈이다. 그는 거기서 그치지 않고 종국엔 대승불교로 전향해 중관학과 더불어 대승불교의 양대 산맥으로 불리는 유식학을 정초했다. 대승불교도에게 세친은 대승의 우월함을

천은사 극락보전

나타내는 상징, 즉 먼 길을 방황하다 마침내 가장 탁월한 진리의 길을 발견한 개척자였겠지만, 부파불교의 입장에서 그는 여기저기를 기웃거리다 철새처럼 날아간 변절자일 수밖에 없었다. 세상이 그에 대해 이런저런 칭송과 비방을 덧붙일지라도 세친의 행적은 내가 누군지 알기 위해 끊임없이 질문하고 방황했던 한 인간의 기록 이상의 의미는 아닐 것이다.

세친을 보려면 구례 천은사로 가야 한다. 천은사에는 드물게도 33조사* 벽화가

* 인도에서 중국까지 선종의 계보를 은밀히 이어왔다고 중국 선종이 주장하는 33명의 인물. 인도의 28명, 중국의 6명을 합쳐 34명이나 달마가 중복되므로 33조사라 한다.

남아 있다. 천은사 33조사(실제로는 27명) 벽화 중 하나로 등장하는 바수반두 조사는 극락보전 왼편 내목도리 윗벽에 자리 잡고 있다. 그러나 벽화를 통해 세친의 진면목을 알 수 있으리란 기대는 접는 것이 좋다. 33조사 속 세친은 선종의 프레임으로 납작하게 눌러버린 가공의 인물에 가깝다. 보통 천은사 벽화가 조성된 시기를 18세기 후반 극락보전 중수 때로 추정한다. 벽화들은 대개 명확한 기록이 없기에 법당의 중수나 탱화의 조성과 연관해 시기를 추정할 수밖에 없다. 하지만 이 벽화는 18세기보다 훨씬 뒤에 제작되었거나 제작 이후의 개채改彩로 인해 원형이 변형되었을 가능성이 높다. 우선 이 벽화는 250여 년의 세월을 견뎠다고 믿기엔 필선과 채색이 너무 선명한 데다 『삼재도회』나 『홍씨선불기종』의 모본을 충실히 따르는 순천 선암사의 33조사도(1753년)와 비슷한 시기라 보기에는 너무 많은 도상적 변형이 보이기 때문이다.

　바수반두조사도는 지상에 서 있는 두 명의 인물과 구름을 타고 하늘에서 내려오는 세친의 대비 구도로 짜여 있다. 왼쪽 중앙에서 시작해 오른쪽 아래로 화면을 가로지르는 절벽은 그림에 두 가지 효과를 부여한다. 세친이 세속인으로서는 범접하기 힘든 경지를 지닌 인물임을 암시함과 동시에 밋밋한 평면에 입체감을 불어넣는다. 절벽을 묘사한 선이 없었다면 세친은 고작 한 길도 안 되는 높이에 동동 떠 있는 우스꽝스런 모습이었을 것이다. 절벽으로 인해 성스러움과 속됨으로 분할된 인물들을 다시 이어주는 것은 인

바수반두조사도 부분, 세친

물 사이의 시선이다. 세친과 성인 남성이 나누는 은밀한 눈빛은 그들 사이에 모종의 교감이 이루어지고 있음을 말해준다. 그 눈빛이 무엇을 뜻하는지 알려면 벽화의 바탕이 되는 『조당집』의 이야기를 살펴야 한다.

세친은 교화를 위해 세상을 떠돌던 중, 잠시 나제국那提國에 머물며 상자재왕常自在王에게 불교를 가르치게 된다. 어느 날 세친과 왕이 함께 있는데 전령이 들어와 백만 코끼리 군사가 남쪽에서 쳐들어왔다고 알린다. 세친은 왕에게 둘째 태자 마나라摩拏羅로 하여금

바수반두조사도 부분, 상자재왕과 마나라

적을 보고 가볍게 고함을 지르게 하라고 조언한다. 태자가 성 남쪽에서 왼손으로 배를 두드리며 고함을 지르자 코끼리 군사들이 쓰러져 다시 일어나질 못했다. 왕은 이에 감탄해 세친에게 태자를 거둬주길 청하고, 이후 태자는 출가하여 계를 받는다[受戒].

이제 우리는 알 수 있다. 그림 왼편의 두 인물은 나제국의 왕과 태자이고, 태자는 오른손을 들어서 넘어진 코끼리 부대를 가리키고 있음을. 또 세친과 왕이 나눈 눈빛은 태자의 출가에 대한 간청과 승낙임을. 그러나 이 이야기는 사실에 근거를 둔 것이 아니다. 『조당집』은 선종을 선양하기 위해 33조사의 계보와 오대五代까지의 중국 선사들의 이야기를 담은 책이고, 여기서 세친은 21대 조사로서 22대 조사인 마나라 존자에게 법을 전하는 역할로 등장할 뿐이다.

그런데 이 벽화가 담고 있는 이야기는 여기서 끝이 아니다. 겉으로는 벽화가 명대明代 화보畵譜인 『삼재도회』와 『홍씨선불기종』

등의 도상과 구도를 따르는 듯 보이지만, 곳곳에 모본과 다른 점이 발견된다. 모본의 '수반두대사修盤頭大士'라는 화제畫題는 벽화에서 '大士'가 아닌 '大師'가 되었고, 머리가 희끗한 세친은 검은 머리의 젊은이로 바뀌었다. 모본에서 민머리로 표현된 태자 역시 쌍상투를 튼 동자로 그려졌다. 그림 속 최고의 파격은 왕의 머리에 그려진 광배다. 속인의 머리에 뜬금없이 광배를 씌운 화사의 뜻은 무엇일까. 이를 추적하기 위해선 천은사 조사도에 나타난 광배의 패턴을 살펴볼 필요가 있다. 화사는 조사들의 머리 위에 광배를 그렸고, 조사와 함께 등장하는 일반인까지도 성스러운 인물이라 여겨 모두 광배를 그려놓았다. 벽화에서 광배가 없는 이는 오직 시동侍童으로 보이는 아이들이다. 이제 임의로 그려놓은 왕의 광배보다 더 큰 문제가 발생한다. 22조가 될 태자의 머리에 광배가 없다는 사실이다. 이는 화사가 태자를 왕의 시동으로 여겼음을, 다시 말해 자신이 무엇을 그리는지도 모르고 그렸음을 말해준다. 우리는 여기서 『누가복음』에 나오는 구절을 떠올리지 않을 수 없다.

"주여, 저들을 용서하소서. 저들은 저들이 하는 짓을 알지 못하나이다."

분명 화사가 참고한 모본이 있었을 것이다. 그러니까 화사의 오류는 개인적 무지나 실수가 아닌 그가 지닌 모본, 다시 말해 당대 불교문화의 부박함에서 비롯했을 수 있다. 내가 벽화의 제작 시기나 개채를 18세기보다 훨씬 뒤로 추정하는 이유다. 그렇다고 해서 화사의 책임이 전혀 없는 것은 아니다. 소위 불전佛殿을 장식하는 전문가인 화사는 자신이 그리고 있는 것이 무엇인지, 어떤 의미를 담고 있는지 생각조차 하지 않았다. 그는 전문가라는 이름 뒤에 숨어서 자신이 대단한 작업을 하고 있다고 착각했을 것이다. 그래서 나는 저 화사를 맘껏 비웃을 수 없다. 화사의 모습이 내 모습과 자꾸만 겹쳐 보이기 때문이다. 불가에서는 조고각하照顧脚下란 말을 자주 쓴다. 누군가를 비판하고 싶을 때, 자신의 발밑부터 살펴보라는 말이다. 이는 잘못된 것을 비판하지 말라는 뜻이 아니다. 타인의 행위를 스승으로 삼아 자신에게도 질문을 던져보라는 뜻이다. 그래서 나는 천은사에 갈 때마다 벽화를 올려다보며 스스로에게 묻게 된다.

나는 누구인가? 나는 예수가 말한 '저들'을 '내'가 아닌 '저들'이라고 부를 만한 삶을 살고 있는가?

양산 통도사
서유기도

서유기가 필요한 시간

"우리 둘은 책 사러 가네."

"무슨 책 사러 가나?"

"『조태조비룡기趙太祖飛龍記』와 『당삼장서유기唐三藏西游記』라네."

"사려면 사서四書나 육경六經을 사야지. 공자님 책을 읽으면 주공周公의 이치를 통달하기 마련인데 왜 그런 이야기책을 사나?"

"『서유기』는 재미있어서 답답한 시절에 읽기 좋거든."

위의 대화는 『박통사언해朴通事諺解』의 한 단락이다. '언해'란 말

에서 알 수 있듯 이 책은 고려 말부터 500여 년간 국내의 중국어 통역관을 위한 학습 교재로 사용된 『박통사』(현재 전하지 않음)를 한글로 번역한 책이다. 요즘 외국어를 공부하는 이들이 영화나 드라마로 살아 있는 언어를 배우듯, 『박통사언해』도 일상적 상황에서 벌어지는 100여 개의 회화를 담고 있다.

외국어를 배우는 일에 문학이 빠질 수 없다. 이 책이 중요한 이유는 중국 4대 기서 중 하나인 『서유기』의 일부분이 실려 있어서 지금은 전하지 않는 원대元代 판본(서유기 고본)을 유추할 근거가 되기 때문이다. 또한 『서유기』의 일부가 이 책에 수록된 것을 볼 때,

『서유기』는 적어도 고려 말부터 이 땅에 유통되고 있었음을 알 수 있다. 조선시대에도 허균이나 이덕무, 이규경 같은 내로라하는 문인들도 『서유기』를 언급하고 있음을 볼 때, 『서유기』는 시대와 종교를 넘어 이 땅의 문화를 떠받쳐온 원형질 가운데 하나임을 부인하기 어렵다. 『서유기』의 이러한 역사성을 아는 이라면 고려 경천사지 십층석탑의 부조浮彫나 사찰 벽화에서 『서유기』의 내용이 튀어나오더라도 그리 놀랍게 여기진 않을 것이다.

현재 『서유기』 관련 벽화가 남아 있는 사찰은 통도사, 불국사, 하동 쌍계사, 대구 용연사로 그림의 수준과 규모로 볼 때 통도사 용화전의 벽화가 가장 우뚝하다. 통도사 용화전 동·서 벽면에는 7점의 『서유기』 벽화가 남아 있는데, 각 벽화마다 그 내용을 알려주는 화제畫題가 달려 있다. 오랫동안 비밀에 싸여있던 벽화가 『서유기』의 내용을 그린 것이란 사실이 밝혀진 것은 불과 10여 년 전의 일이다. 문화재청과 성보문화재연구소가 전국 사찰의 벽화를 조사하는 과정에서 이 벽화에 쓰인 화제가 『서유기』 100회본의 회목回目과 일치함을 밝혀낸 것이다. 만약 이러한 조사와 연구가 없었더라면 우리는 여전히 18세기에 제작된 벽화의 정체를 몰랐을 것이다. 그런데 잠시 후에 나올 판본에 관련된 문제를 이해하기 위해선 기억해두어야 할 것이 있다. 용화전에 그려진 7점의 벽화는 『서유기』의 명대明代 판본 가운데 『이탁오 선생 비평 서유기』본에 실린 회목과 삽화를 그 바탕으로 삼고 있다는 사실이다. 그리고 서측 중앙의 벽화 두 점은 11회 '도고혼소우정공문度孤魂蕭禹正空門'의 내용을 나누어 그린 것이라, 실제로 전체 벽화는 『서유기』 6회분에 해당하는 내용을 담고 있다는 점이다.

모든 그림을 다 언급하긴 어렵고 여기선 '현장병성건대회玄奘秉誠建大會'라는 화제가 붙은 벽화를 중심으로 살펴볼 것이다. 이 벽화야말로 불전의 『서유기』 벽화들 가운데 가장 중요한 위상을 지니기 때문이다. 만약 나머지 벽화의 내용이 궁금한 이들은 문화재청과 성보문화재연구소에서 공동 발간한 『한국의 사찰벽화 : 경상남도(1)』을 참고하길 바란다. 이 책은 사찰벽화 연구의 기본 토대를 제공하는 조사 보고서로 중요한 가치를 지니고 있다. 그러나 세상의 모든 책이 그러하듯 이 책에도 오류가 존재한다. 책은 용화전의 동서 벽면 중앙에 그려진 세 점의 벽화가 모두 『서유기』 12회의 내용을 담고 있다고 주장한다.

'도고혼소우정공문'이라는 화제는 서유기 11회의 제목 가운데 일부로 (중략) 그러나 실제 이 벽화는 화제와는 다르게 12회의 내용을 그린 것으로 여겨진다. 그 까닭은 화제에 보이는 '소우蕭禹'라는 인물이 11회 내용에는 나오지 않고 12회에 등장하기 때문이다.

한 고전연구자는 이 오류에 관해 명대 판본을 기초로 그려진 통도사 벽화에 청대淸代 판본의 회목과 내용을 가져다 대면서 생긴

흑송림사중심사도

해프닝이라 본다. 또 '흑송림사중심사黑松林四衆尋師'라는 벽화 속 세 인물을 삼두육비三頭六臂 형상을 한 손오공과 그 모습에 벌벌 떠는 저팔계, 사오정으로 설명하고 있지만, 원문에 따르면 무릎을 꿇은 두 인물은 지신地神과 산신山神이다.

아무려나 12회의 현장병성건대회 벽화를 이해하기위해서는 맞은편 벽에 그려진 11회 도고혼소우정공문도度孤魂蕭禹正空門圖부터 살필 필요가 있다. 11회와 12회의 그림은 이야기 전개상 이어져 있기 때문이다. 11회의 화제는 '지옥에서 고통 받는 혼령을 구하기 위해 재상 소우가 불문의 바른 가르침을 펴다'란 뜻인데, 그 내용은 이렇다. 지옥으로 간 당 태종은 왕위를 차지하는 과정에서 자신이 죽인 혼령들을 만나고, 지옥에서 돌아오자마자 그 혼령들을

* 물과 뭍, 하늘에 사는 모든 중생과 죽어서 외롭게 떠도는 영혼을 구제하기 위한 불교의식.

위로하기 위해 수륙재水陸齋*를 열 것을 명한다. 부혁이란 신하가 상소를 올려 불교는 패륜의 가르침이라 금지해야 한다고 주장하자 재상 소우가 나서서 불법의 바름을 웅변하고 다른 신하들의 동의를 얻는다. 당 태종은 세 명의 신하로 하여금 수륙재를 주관할 승려를 뽑게 하는데 도고혼소우정공문도는 바로 이 장면을 관리와 승려의 두 화면으로 나누어 그린 것이다. 여기서 삼장법사로 유명한 승려 현장이 선발되고, 비로소

도고혼소우정공문도

{ 양산 통도사 서유기도 } 서유기가 필요한 시간   93

동측면 중앙에 현장이 수륙재를 주관한다는 뜻을 지닌 현장병성건대회도가 이어지는 것이다.

　현장병성건대회도 중앙에는 수륙재에 쓰이는 재단齋壇이 차려져 있는데, 가운데엔 극락교주 아미타불이 앉아 있고 양옆으로 두 부처가 아미타불을 바라보며 협시하고 있다. 아래의 자그마한 부처는 탄생 직후 '천상천하 유아독존'을 외친 석가모니를 형상화한 것으로 보인다. 재단 좌우로는 작법승作法僧들이 바라, 북, 징 같은 법구法具를 들고 춤을 추고 있는데 펄럭이는 옷자락은 의식이 절정으로 치닫고 있음을 알려준다. 화면 왼편 아래에 늘어선

현장병성건대회도 부분, 당 태종과 현장

승려들은 판소리 가락처럼 늘어지는 범패梵唄로 의식의 장중함을 더하고 있다. 춤과 노래로 한껏 장엄해진 분위기 속에서 불단 앞으로 나와 향을 사르는 인물은 당 태종이다. 그가 천자라는 사실은 발아래에 깔린 천에 새겨진 용 문양과 화려한 일산日傘을 통해 드러난다. 현장은 합장을 한 채 당 태종을 흐뭇하게 바라보고 있는데

머리 뒤로는 성자를 상징하는 광배가 그려져 있다. 이 벽화는 이탁오 본 삽화와 구도는 흡사하나, 작법승과 범패승의 다채로운 모습이 추가되고, 삼신불의 명호를 적은 번幡이 첨가됨으로써 당시 조선에서 실제로 봉행된 수륙재 의식을 반영하고 있다. 이로써 벽화는 『서유기』의 재현이란 틀을 벗어나 불전에 어울리는 종교적 벽화, 즉 감로탱甘露幀*으로 전환된다. 이 벽화를 단순히 『서유기』의 한 장면으로 이해해선 충분치 않다는 뜻이다.

* 수륙재나 영산재 등 영혼들을 극락으로 천도하기 위한 의식에 사용하는 불화.

벽화의 이야기를 끌고 가는 중심인물은 누구일까? 물론 부처의 가피를 통해 중생을 제도하는 모습을 그린 불화이니 부처가 가장 중심에 있을 것이다. 그러나 『서유기』를 기준으로 할 때 그 중심은 부처나 승려 현장이 아닌 당 태종이다. 왜냐하면 수륙재의 정당성을 증명하는 인물이 당 태종이기 때문이다. 지옥을 경험한 황제가 자신의 죄업을 씻기 위해 수륙재를 열었다는 것은 종교적 영험담을 벗어나 정치적 프로파간다propaganda에 가까워진다. 이 땅에도 당 태종의 수륙재 봉행과 유사한 역사가 있었다. 조선 태조 이성계가 왕조를 개창한 후 권근을 시켜 서울 은평구에 위치한 진관사에 수륙사水陸社를 설치하고 직접 행차해서 국가적인 수륙재를 봉행했다. 지금도 진관사 수륙재는 국가무형문화재 126호로 지정되어 매년 가을 열리고 있다. 당시 통도사 용화전에 이 벽화를 그리도록 했던 승려들이 이성계가 직접

참여한 수륙재를 모를 리
없었다. 그들은 수륙재 장
면을 통해 불교를 핍박하
던 유자(儒子)들에게 이렇게
말하고 싶었을지도 모른다.
 '보라, 여기 당 태종, 아
니 이성계가 있다. 너희들
이 세운 유교국가의 첫 번
째 왕이 절에 와서 국가적
인 불교의식을 봉행하고
있다.'
 결국 용화전에 그려진 다
수의 서유기 벽화는 수륙재
의 정당성을 설파하기 위한
알리바이였던 것이다. 용화

용화전 앞 봉발탑. 석가모니가 미래불인 미륵부처에게 진리의 자리를 넘겨준다는 의미를 발우로 형상화한 탑이다. 가사(袈裟)와 발우의 전수는 선불교에서 스승이 제자에게 법을 전했다는 징표이다.

전의 가장 넓은 벽 중앙에 수륙재 장면을 배치한 것만 보아도 그렇다. 특히나 수륙재 벽화가 다른 전각도 아닌 용화전에 그려져 있다는 사실은 벽화의 의미를 증폭시킨다. 미래의 구세주인 미륵과 당 태종이 살포시 겹쳐지면, 불교에서 말하는 '일수사견一水四見'* 의 존재론적 해석학이 펼쳐지는 것이다. 벽

---

* 같은 물일지라도 천상의 신은 유리보배로 보고, 인간은 물로 보고, 아귀는 피고름으로 보고, 물고기는 보금자리로 본다는 의미.

화 속 당 태종은 권력을 꿈꾸는 야심가들에겐 자신의 미래상으로, 승려들에겐 불교를 후원해줄 신심 있는 권력자로, 현실이 지옥 같은 민중에겐 고통에서 해방시켜줄 정치지도자로 보이게 된다. 중생구제의 발원과 내밀한 개인적 욕망이 씨줄과 날줄처럼 번다하게 교차하는 벽화는 하나의 해석으로 자신을 가두려는 모든 시도를 비웃는다. 보는 이에 따라 무한하게 열린 해석 가능성으로 인해 통도사 용화전 벽화는 세월을 넘어 끊임없이 생명력을 얻게 되는 것이다. 무릇 고전이란 모두 이런 요소를 지닌 것이 아니던가. 그래서 통도사의 벽화는 『서유기』가 그렇듯 아직 태어나지도 않은 미래의 관객을 이미 만나고 있는 셈이다.

셋째 장

문득 진리의 달빛을 쐬고

파주 보광사
연화화생도

믿음의 그릇

'보는 것이 믿는 것이다$^{Seeing\ is\ believing}$'라는 서양 속담이 있다. 그런데 보는 것이 생각만큼 믿음과 곧바로 연결되지는 않는다. 경험과 상식을 벗어나는 사건을 목도했을 때 우리는 '보고도 믿기 어려운 광경'이란 말을 쓴다. 여기서 믿음은 대상과 시선의 접촉에서 비롯하는 것이 아니라 사태에 대한 이해를 바탕으로 한다는 것을 알 수 있다. 즉 '보고', '이해하고', '믿는다'는 일련의 과정이 '보는 것이 믿는 것이다'라는 말에 함축되어 있다. 여기서 믿음은 이해의 과정을 통해 얻어진 것이다.

그러나 믿음에 대한 종교의 입장은 반대다. "이해하기 위해서 믿는다$^{\text{Credo ut intelligam}}$"라는 스콜라 철학자 안셀무스의 말이 이를 대표한다. 사태의 실상을 파악하고 싶다면 우선 믿음이 있어야 한다는 것이다. 『조당집』에는 이웃종교 수행자가 석가모니를 찾아와 질문을 하는 장면이 있다. 하지만 붓다는 아무런 답도 해주지 않는다. 갑자기 어색한 침묵을 깨고 수행자가 일어나 붓다에게 고맙다고 절하며 물러난다. 제자 아난은 붓다에게 무슨 일이 벌어진 것인지 묻는다. 붓다는 다음과 같이 말한다.

"훌륭한 말은 채찍 그림자만 보아도 달리느니라."

상근기는 보고 듣기 전에 믿으며, 중근기는 듣기만 해도 믿으며, 하근기는 보아야 비로소 믿는다. 이는 "보지 않고도 믿는 자 복이 있도다"라고 했던 예수의 말과 다르지 않다. 물론 제아무리 보고 들어도 끝까지 믿지 못하는 이도 있다. 불교에서 이런 이를 선근善根*이 끊어진 자, 믿음이 없는 자, 붓다도 구제할 수 없는 자라 하여 일천제一闡提라 부른다. 혹시 자신이 종교적으로 어떤 근기에 속하는지 궁금하다면 파주 보광사를 찾아가 보라고 권하고 싶다.

* 깨달음의 결과를 낳는 선한 마음과 행동.

보광사 대웅보전

{ 파주 보광사 연화화생도 } 믿음의 그릇

파주 보광사에는 사시사철 연꽃이 핀다. 대웅보전 뒤편 나무 판벽에서 세월을 견디며 조용히 피어난 연꽃이다. 보광사의 벽화를 연화화생도^{蓮花化生圖}라 부르는데, '연화화생'이란 『법화경』이나 『무량수경』에 등장하는 말로 죽은 이가 연꽃 속에서 다시 태어난다는 뜻이다. 생명이 태어나는 장소는 아미타불이 있는 서방극락정토로 극락은 연꽃으로 가득 차 있다. 그러나 연꽃이 마냥 불교의 전유물인 것은 아니다. 연꽃의 신성은 고대 이집트에 기원을 두고 있고, 인도의 대서사시 『마하바라타』에는 창조주 브라흐마가 연꽃 속에서 태어났다고 나온다. 또 연꽃이 지닌 길상^{吉祥}의 의미는 힌두교에서 풍요의 여신으로 받드는 락슈미가 서 있는 연화대나, 중국의 신선 가운데 한 명인 하선고의 손에 들린 연꽃에도 깃들어 있다. 연꽃이 지닌 재생^{再生}과 부활의 모티프는 고전소설에도 등장한다. 인당수에 빠진 심청은 연꽃에 실려 환생하고, 장화와 홍련은 선녀가 연꽃 두 송이를 건네주는 태몽을 통해 세상에 다시 태어나게 된다. 성리학을 정초한 북송의 유학자 주돈이^{周敦頤}조차 「애련설^{愛蓮說}」에서 '연꽃이야말로 군자^{君子}의 기품을 지닌 꽃'이라고 노래할 만큼 연꽃은 문명과 종교를 가로지르는 인류의 공동자산인 것이다.

그럼에도 연꽃이 불교를 대표하는 상징이 된 이유는 무엇일까? 불교는 연꽃이 지닌 기존의 의미를 수용하는 데 그치지 않고 독창적 의미를 더했기 때문이다. 그것은 연꽃을 기복과 재생을 넘어선 통찰과 수행의 대상으로 삼았다는 점이다. 보광사 벽에 피어난 연꽃들도 감상보다는 마음으로 관조해야 하는 수행의 대상이다. 연화화생도가 수행도修行圖로서 지닌 의미는 『관무량수경觀無量壽經』에서 찾을 수 있다. 『관무량수경』은 그 이름에서 짐작할 수 있듯 무량수無量壽, 즉 아미타불의 극락세계를 육신의 눈이 아닌 마음을 통해 바라보며[觀] 수행하는 내용을 담은 경전으로 여기엔 16가지 관법觀法이 소개되고 있다.

경전은 극락을 보기 위한 첫 단계로 서쪽으로 지는 해를 마음으로 떠올려 해의 영상을 늘 마음속에 담아두는 관법을 제시한다. 누구나 실행할 수 있는 초보적인 수행 단계로 흰 종이 한 가운데 찍어둔 점을 떠올리며 정신을 지속적으로 집중하는 것과 유사하다. 두 번째로 제시한 관법은 물의 투명함을 관하는 수행법이다. 해에 비해 투명한 물을 관하는 수행법은 한 단계 높아진 수행법이다. 경전은 또 물을 통해 얼음을 바라보고 그 얼음을 통해 다시 유리로 된 땅을 관하라고 말한다. 이러한 관법은 극락의 나무, 연지蓮池, 보배궁전, 연꽃으로 이어진다.

먼저 칠보로 된 땅 위에 피어 있는 연꽃을 생각하세요. 연꽃의 꽃잎마다 백 가지 보배의 빛깔이 있고, 그 꽃잎에는 8만 4천 줄의 엽맥이 있는데, (중략) 연꽃에는 8만 4천의 꽃잎이 있고, 꽃잎 사이마다 100억의 마니보주로 장식되어 있습니다. 낱낱의 마니보주는 1천의 광명을 발하여 (중략) 마니보주로 이루어진 연화대는 (중략) 500억의 미묘한 보배 구슬로 찬란하게 꾸며져 있습니다. 보배 구슬마다 8만 4천의 광명이 빛나고, 그 낱낱의 광명은 8만 4천의 색다른 금색을 지니고 있는데, (중략) 이러한 것을 연화대를 관조^{觀照}하는 화좌관^{華座觀}이라 하고 일곱째 관^觀이라고 합니다.

보광사 벽화의 오른쪽 상단에 솟아 있는 거대한 연꽃은 바로 위의 복잡한 내용을 간결하게 묘사한 것이다. 오늘날의 컴퓨터그래픽 기술은 경전의 내용을 충실히 따르는 연꽃을 그려낼 수도 있을

연화화생도 부분, 연화대

것이다. 그러나 경전에서 묘사한 연꽃은 실제 연꽃이 아닌 오직 마음으로 보고 담아내야 하는 수행의 지침이란 것을 잊어선 안 된다. 경전에서는 극락의 무한함을 거울에 자신의 얼굴을 비추어 보듯 환하고 분명하게 살펴볼 수 있을 때까지 마음을 집중하라고 말한다. 수행자는 순차적인 트레이닝을 통해 극락의 교주인 아미타불과 협시보살인 대세지와 관세음보살을 관찰하게 되며, 최종적으로 극락에 왕생하는 상품상생부터 하품하생까지 아홉 부류의 중생이 연꽃에서 태어나는 모습까지 보게 된다. 바로 이때 수행자의 마음속에서 극락정토가 완성되는 것이다. 『관무량수경』은 서방정토라는 곳이 서쪽 10만억 국토를 지나서 있다고 말하는 『아미타경』과는 다르게 극락이 마음에 있음을 넌지시 알려준다.

아미타여래는 결코 멀리 계신 것이 아닙니다. 생각을 내려놓고 청정한 업으로 이루어진 저 극락정토를 자세히 관찰해 보세요.

화사가 무한의 세계를 한 칸의 판벽에 간결하게 담아낼 수 있었던 것은 극락이 마음으로 도달하는 곳이란 사실을 잘 알고 있었기 때문이다. 그림 속 과감한 생략과 자유분방한 구도에서도 화사의 의중이 드러난다. 화면 중앙을 채우는 9개의 커다란 연화대와 그 위에 자리 잡은 불보살, 그리고 자그마한 연꽃 위에서 그들에게 예배하고 있는 왕생자往生者*의 모

* 극락에서 다시 태어난 중생.

습은 극락의 구품연지九品蓮池*를 형상화한 것임을 알 수 있다. 그러나 이는 극락임을 알려주는 표지일 뿐, 경전에서 묘사한 구품 연지의 세세한 내용과는 일치하지 않는다. 경전은 경전의 길이 있고 그림은 그림의 길이 있으니, 큰 뜻만 전할 뿐 굳이 자구字句에 얽매이지 않겠다는 화사의 의지이다. 화사는 변주를 통해 종교적 도상이 빠지기 쉬운 경

* 중생은 생전에 지은 업에 따라 상품상생부터 하품하생까지 9가지 품류로 나누어져 극락에 왕생하게 되는데, 이를 상징하는 말이 구품연지이다.

연화화생도 부분. 관람자가 아닌 왕생자의 입장이 될 때 벽화의 의미를 온전히 이해할 수 있다.

직성을 피해 나가는데, 불보살이 앉은 연화대의 경우 일렬로 늘어 놓지 않고 오선지 위의 악보마냥 들쭉날쭉하게 배치해놓음으로써 마치 연화대가 극락의 연못 위에 떠 있는 것 같은 생동감을 불어넣는다. 불보살의 배치 또한 파격적인데, 왼쪽 위의 관세음보살과 아래의 대세지보살이 아미타불을 중심으로 좌우가 아닌 상하로 배치되어 있다. 사실 그림 속 불보살이 앉아 있는 방향은 정면이 아니라 왼쪽에 있는 왕생자들 쪽이다. 그림을 왕생자의 시선에서 보면 아미타불을 중심으로 두 보살이 좌우로 앉아 있는 일반적 배치로 돌아간다. 화사는 우리가 왕생 수행자의 입장에서 극락을 관하고 있는지, 아니면 관객의 입장에서 그림을 보고 있는지 질문을 던지고 있는 셈이다.

연화화생도 부분, 연잎 위에서 잠든 왕생자

벽화의 또 다른 독창성은 연엽화생蓮葉化生의 모습으로 왕생자를 표현하고 있는 모습에서 나타난다. 경전에는 없는 연잎 위에서 태어난 왕생자를 그림으로써 연꽃과 연잎이 조화롭게 어우러진 구도를 만들어낸다. 화면 오른쪽에는 연꽃과 연잎 위에서 잠든 이가 보이는데 『관무량수경』

에 따르면 극락에 태어난 이일지라도 죄가 있는 경우엔 연꽃 봉오리에 갇혀 꽃이 피기를 기다려야 한다. 하품으로 화생한 이의 경우 짧게는 49일에서 길게는 12대겁^{大劫}까지 기다려야 하니, 몇 겁을 기다리는 입장에선 말만 극락이지 무한한 시간 동안 연꽃 감옥 속에 갇힌 것이나 다름이 없다. 화사는 하품 화생자를 꽃봉오리 속에 가두는 대신 연잎 위에서 평화롭게 잠든 아기처럼 그려냄으로써 다른 왕생자와의 차이점을 드러내는 동시에 극락이 지닌 긴장감을 해소한다.

그러나 보광사의 연화화생도가 무엇보다 인상적인 이유는 벽화 아래쪽에 덩그러니 놓인 빈 연화대 때문이다. 세월이 빚

연화화생도 부분, 텅 빈 연화대

어낸 우연이겠지만 인물만 지워진 텅 빈 연화대는 보는 이들의 마음을 끌어당긴다. 텅 빈 연화대에서 무엇을 보느냐는 근기에 따라 달라질 것이다. 하근기는 보이는 것이 없으니 아무것도 없다고 할 것이고, 중근기라면 중생을 제도하는 부처가 있다고 말할 것이다. 만약 상근기라면 바로 그 자리가 부처로서 내 자리임을 알아차릴 것이다. 당신은 어떤 근기인가?

청주 월리사
한산습득도

야반삼경에 손가락을 만져보라

달 월^月, 속 리^裡, 절 사^寺.

청주 문의면에 있는 월리사^{月裡寺}를 문자대로 풀면 '달 속의 절'이란 뜻이다. 달 속의 절이라니! 뭔가 멋진 느낌이긴 한데 무슨 뜻인지 감이 잘 잡히지 않는다. 1665년의 월리사 사적비에는 달과 가까운 높은 곳에 위치해 월리사라 했다고 전하면서도 확실한 것은 아니라고 말끝을 흐린다. 그렇다면 월리사란 이름은 무슨 뜻일까? 우리는 글의 마지막에 다시 이 질문과 만나게 될 것이다.

월리사에 한산습득도^{寒山拾得圖}를 보러 간 데에는 곡절이 있다. 원

래 한산과 습득에 관해 쓰고자 했던 벽화가 따로 있었지만, 사찰에 도착한 순간 생각을 접어야 했다. 수장고에 모셔진 유물이 아무리 빼어나다 할지라도 법당에서 자리를 지키며 늙어가는 벽화에 비할 바가 아님을 깨달았던 것이다. 그래도 첫정이 무섭다고 이후로 눈에 드는 한산습득도가 드물었다. 그렇게 반년을 흘려보내고 겨우 찾은 곳이 월리사다.

만약 당신이 '절집'이란 말에서 고요함, 호젓함, 여백 같은 이미지를 떠올린다면, 월리사는 절집 그 자체라 할 수 있다. 대웅전은 일요일 아침 목욕 가방을 들고 집을 나선 이웃의 모습과 닮았다. 거대함으로 사람을 압도하고 화려함으로 감탄을 자아내는 대찰들의 틈바구니에서 오랜만에 느끼는 푸근함이랄까. 19세기쯤 그려진 것으로 추정되는 대웅전의 벽화들도 절집을 닮아 간명하고 소박하긴 매한가지다. 한산습득도는 대웅전 안 왼편 내목도리 윗벽에 자리잡고 있다. 화면을 가득 채운 두 명의 얼굴엔 세월이 스친 흔적이 없지 않지만 머리를 양 갈래로 묶어 그린 화사의 성의를 봐서라도 그들을 아이라 부르기로 하자. 오른쪽 아이는 한 손에 여의如意*를 들고, 다른 손은 뻗어서 달을 가리키고 있다. 왼쪽의 아이는 소매를 바위 앞으로 늘어뜨린 채 고개를 돌려 무언

* 염불이나 독경을 할 때 승려가 손에 드는 지물(持物).

월리사 대웅전

가를 바라보고 있다. 이들은 사찰마다 빠짐없이 그려지는 한산寒山과 습득拾得으로 한산습득도의 다양한 유형들—빗자루로 바닥을 쓴다든지, 경전을 들고 있거나, 양팔을 벌리고 헤벌쭉 웃고 있는—가운데 달을 가리키는 도상에 속한다. 누가 한산이고 어느 쪽이 습득인가? 이는 프랑스와 불란서를 구분하려 드는 것만큼 덧없으나, 굳이 나누자면 달을 가리키는 쪽이 한산이다. 한산과 습득을 알기 위해선 한산'과' 습득을 잇고 있는 '과'를 함께 살펴야 하는데, '과'에 해당하는 이가 중국 당나라 때 천태산 국청사에 살았다는 풍간豊干선사다. 『천태삼성시집天台三聖詩集』의 서序에는 당시 관리였던 여구윤閭丘胤이 한산과 습득, 그리고 풍간을 만나 겪은 일화가 전기 형식으로 실려 있는데 한산과 습득의 이야기는 워낙 유명하니 굵직한 뼈대만 짚어보자.

한산습득도 부분, 습득

국청사에 살던 행각승行脚僧 풍간은 습득을 길에서 주워 절에서 길렀다. 국청사 주변 한암寒巖에는 한산이 살았는데 밥을 얻으러 절로 내려오면 승려들에게 얻어터지기 일쑤였다. 이를 불쌍하게 여긴 습득은 남은 밥을 한산에게 모아다 주곤 하면서 둘은 친구가 된다. 어느 날 여구윤이 태주太州에 부임하게 되었는데 갑자기 두통이 생겨 백약이 무효인 상황에서 홀연히 풍간선사가 찾아와 병을 낫게 한다. 여구윤이 스승으로 모실 만한 이를 풍간에게 묻자 한산과 습득이 문수와 보현의 화신이라 말한다. 여구윤이 국청사에 찾아가 그들에게 절을 하자 둘은 아미타불(풍간)도 알아보지 못하면서 자신들에게 절한다고 꾸짖고는 한암寒岩이라는 바위굴로 사라져버린다. 이후 여구윤이 사람을 시켜 세 사람이 남긴 시를 수집하고 묶어서 낸 책이 바로 『천태삼성시집』, 이른바 『한산시집』이다. 그런데 한산이 남긴 시를 보면 불교적 인물로 묶기엔 낯선 결이 도드라진다.

총명한 놈은 단명하기 십상이고 [聰明好短命]
어리석은 놈이 오히려 오래 산다 [癡騃卻長年]
멍청한 놈은 재물이 풍족하고 [鈍物豐財寶]
정신이 바른 놈은 땡전 한 푼 없구나 [醒醒漢無錢]

한산의 시에선 세태 풍자뿐만 아니라 과거시험에 수차례 낙방하고 도교에 탐닉하는 모습도 나타난다. 하지만 한산의 정체성이 중요한 문제는 아니다. 세 명의 성인은 물론 글을 묶은 여구윤 또한 실존 인물로 보기 어렵기 때문이다. 그렇다면 『조주록』에 나오는 조주선사와 한산 습득의 만남은 무엇이란 말인가. 조주가 국청사에서 한산과 습득을 보고 '소문이 자자하더니 내 눈에는 그저 물소 두 마리가 보이는구먼'이라 말하자 한산과 습득이 곧바로 소가 싸우는 흉내를 내었다는 일화 말이다. 이는 한산습득 설화가 선종의 역사 속으로 맛깔나게 스며들어 한산습득도가 대표적인 선화禪畵로 정착할 수 있었던 시대적 풍경을 드러낼 뿐이다.

이쯤에서 우리가 그림의 중요한 부분을 건너뛰었다는 사실을 고백해야 할 것 같다. 바로 그림의 화제畵題인 '지월동指月童'이다. 달을 가리키고 있는 아이라는 뜻인데, '한산습득'의 이름을 생략하고 '지월동'이란 화제만 단 그림은 찾기 어렵다. 또 한산이 정면을

한산습득도 부분, 지월동

똑바로 응시하는 그림도 드물긴 마찬가지다. 이 두 가지 특이성으로 인해 벽화는 다른 한산습득도가 지닌 서사의 맥락을 지워내고 새로운 차원의 문제를 열어젖힌다. 그림 속 한산은 우리를 향해 노골적으로 손가락과 달에 관한 질문을 던지는 것처럼 보인다.

'손가락으로 달을 가리키면 둘 중 무엇을 봐야 하지?'

질문이라기엔 답이 너무 뻔해서 식상할 정도인데, 바보 취급을 당하지 않으려면 응당 '달'이라고 대답해야 한다. 이 질문의 근원이 되는 『능가경』의 구절을 살펴보자.

> 마치 어리석은 사람이 달을 가리키는 손가락을 보고[如愚見指月], 손가락만 보고 달은 보지 못하는 것처럼[觀指不見月], 언어에만 집착하는 자는[計著名字者], 나(부처)의 진실을 보지 못한다.[不見我眞實]

경전에서 '손가락'과 '달'은 '언어'와 '진리'의 은유임을 알 수 있다. 그런데 문제는 이 구절을 이해하기가 생각만큼 쉽지 않다는 점이다.

진리와 언어에 대한 불교적 입장은 크게 두 가지다. 하나는 언어란 지붕을 올라가기 위한 사다리와 같다는 '언어도구론'이고, 다른 하나는 그 사다리 자체가 부실하고 썩어서 도리어 지붕에 오르는 것을 방해한다는 '언어무용(배제)론'이다. 경전을 바탕으로 하는 교종이 전자라면, 모든 언어에서 벗어나라는 선종은 후자겠다.

그렇다면 『능가경』의 구절은 언어도구론에 해당할까, 언어무용론에 해당할까? 『능가경』은 경전이긴 하지만 초기 중국 선종의 사상적 토대가 된 경전이기도 하니 답하기가 애매하다. 하지만 너무 심각하게 고민할 필요는 없다. 둘 가운데 어떤 것을 선택해도 별반 차이가 없기 때문이다. 정반대로 보이는 두 입장은 실은 똑같은 땅을 밟고 서 있는데, 언어는 깨달음이라는 '체험 자체'에는 결코 참여할 수 없다는 입장이다. 이런 관점은 언어와 경험을 별개의 영역으로 생각하는 일반적인 상식과도 잘 맞아떨어진다.

언어와 진리의 관계를 불교의 중도中道와 연기법으로 다시 살펴보면 어떨까. 이때 진리와 언어는 '불일불이不一不二'의 관계다. 달과 손가락이 같은 것은 아니지만[不一], 그렇다고 다른 것도 아닌[不二] 관계 말이다. 어느 한쪽으로도 치우치지 않는 불교의 팽팽한 긴장 관계를 두고 누군가는 모순이라며 몰아붙일 수도 있겠지만, 아무튼 의상義相은 『화엄일승법계도』에서 깨달음이 "언어나 형상이 모두 끊었진[無名無相絶一切]" 경지라 하면서도, "깨달음과 언어는 예부터 중도이고, 하나로서 분별이 없다[證敎兩法 舊來中道 一無分別]"라고 썼다. 20세기에 들어서야 '언어적 전회linguistic turn'로 철학의 중심에 이성 대신 언어를 세워놓은 서구의 입장에선 진리와 언어가 다르지 않다는 말이 7세기 신라 승려로부터 나왔다는 사실을 믿기 힘들 것이다. 물론 의상의 말은 '언어 너머의 깨달음'이나 '언어도구론'만이 정답으로 통용되는 21세기 한국의 주류 불교계에선 더욱 받아들이기 힘들겠지만 말이다.

 언어무용론과 언어도구론이라는 이분법적 운동장에서 벗어나 불교를 새롭게 읽으려는 이들이 가져야 할 태도는 무엇일까. 우선 『능가경』을 비롯한 수많은 경전이 왜 달과 손가락을 '함께' 묶어서 비유해왔는지 세심하게 살펴보는 일일 것이다. 이는 달이 손가락 너머에 홀로 존재하는 실체가 아니라, 늘 손가락과 '함께' 있음을 깨닫는 일과 다르지 않다. 손가락이 없으면 달도 없고, 달이 없

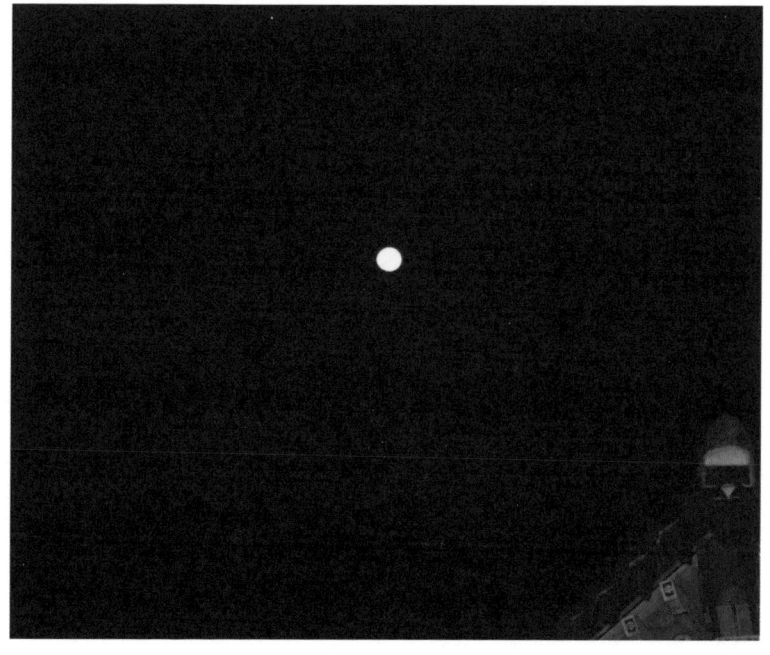

월리사에 뜬 보름달

{ 청주 월리사 한산습득도 } 야반삼경에 손가락을 만져보라

으면 손가락도 없다. 벽화로 돌아와 한산 옆에 있는 습득을 보라. 그의 시선은 달을 향해 있다. 그는 어떻게 달을 볼 수 있었는가? 달이 한산의 손가락과 '함께' 있음을 알았기에 가능했다. 그러니 한산의 손가락, 그 너머에 있는 달, 달을 보는 습득으로 쪼개어 분석해서는 이 벽화가 전하는 이해의 지평에 도달할 수 없다. 화사가 '한산습득'이란 화제를 버리고 굳이 '지월동'을 내세운 것도 손가락[指]과 달[月]과 천진한 마음[童], 이 셋이 연기緣起적으로 '함께' 어우러질 때만이 세계의 참된 모습을 깨달을 수 있다는 뜻일 것이다. 결국 불교의 연기법이란 독립적으로 보이는 모든 것을 연관해서 읽어낼 수 있는 총체적 지혜를 말한다.

손가락과 달, 그리고 마음까지 모두 연결해서 보았으니 이야기를 마쳐야겠지만, 아직 숙제가 남았다. 글의 첫머리에서 제기한 '월리사'의 뜻이다. 한산이 가리키고, 습득이 바라본 '달 속'에는 무엇이 있는가? 다시 말해 월리란 '진리의 요체', 즉 진여眞如*가 무엇인지 묻는 것이니, 월리사는 진리사 혹은 진여사라고 바꾸어 부를 수 있다. 달 속에 무엇이 보이는가? 내겐 늘 달과 함께 있는 손가락이 보인다. 그러니 굳이 야반삼경에 문빗장을 만져보러 나설 일**이 무엇 있겠는가. 이미 문빗장과 '함께' 있는 손가락부터 쓰다듬으면 될 것을.

* 불교의 참된 진리.
** 현대 한국 선불교에 큰 획을 그은 경봉스님이 입적하기 직전 제자들이 "스님을 만나 뵈려면 어찌해야 합니까"라고 묻자, 스님은 "야반삼경에 문빗장을 만져보거라"라고 말했다고 전한다. 야반삼경은 오조 홍인대사가 육조 혜능을 야심한 밤에 몰래 불러 법을 전한 일화에서 비롯한 것이다.

경주 기림사
여래공양도

남은 것은 이름뿐

　2013년 8월 16일, 나는 능현能玄이라는 승려가 쓴 한 권의 고서를 보게 되었다. 책을 보여준 이는 일본 고미술상 가게를 들락거리며 일본으로 넘어간 국내 사찰의 유물을 사 와서 해당 사찰에 되파는 것으로 업을 삼는 장사꾼으로 주로 시주자 명단이 적힌 현판이나 1900년대 초에 만들어진 자그마한 불상 등을 들고 와서 내게 진위를 확인하곤 했다. 그때 그가 내민 책의 제목은 『함월산 기림사연기含月山祇林寺緣起』로, 말미에 '숭정 기원 후 세재 술신년 3월 하순에 기림사 승려 능현이 쓰다[崇禎紀元後歲在戊辰三月下澣 祇林寺僧

能玄記'라고 적혀 있었다. 연대는 인조 6년[1628년]으로 현재 남아 있는 기림사에 관한 가장 오래된 기록인 『신라함월산기림사사적』보다 112년이나 앞선 책이었다. 기림사 창건의 비밀을 풀어줄 책이 눈앞에 있다는 사실은 나를 몹시 들뜨게 했다. 하지만 그것이 마지막이었다. 그는 어디선가 걸려온 전화 한 통을 받고 난처한 표정을 짓더니 책을 움켜쥐고는 급하게 자리를 떠났다. 이후 그와의 연락은 완전히 끊어졌고 몇 년간 그 책과 관련한 어떠한 기사나 논문도 나온 바 없다. 지금 그 책은 어디에 있는 것일까? 나는 그때의 짧은 기억에 의지해 세상에 드러나지 않았던 기림사 창건의 비밀을 밝히려 한다. 바라건대 이 이야기를 준비하는 나의 손끝이 끝내 침착해주기를……

명민한 독자라면 눈치를 챘겠지만, 지금까지의 글은 움베르토 에코의 소설 『장미의 이름』 서두를 차용해 쓴 허구이다. 『함월산기림사연기』라는 책은 가공의 것이지만, 『신라함월산기림사사적』 (이하 『기림사사적』)은 실재한다. 이처럼 사실을 바탕으로 허구와 상상력을 더한 이야기를 팩션faction이라 부른다. 왜 뜬금없이 팩션 타

기림사 약사전

령인가? 경주 기림사 약사전의 벽화가 팩션적 상상력과 밀접한 관계를 맺고 있기 때문이다. 『월인석보』, 기원정사, 오종수五種水, 오색화五色花, 제주도 무가巫歌인 「이공본풀이」에 이르는 수많은 이야기들이 겹치고 얽히는 도상에서 우리는 자칫 길을 잃기 십상이다. 벽화가 풀어내는 거대한 이야기에 휩쓸리지 않으려면 애초에 팩션을 읽는다는 마음가짐으로 접근할 필요가 있는 것이다.

문제의 벽화는 기림사 약사전 안 왼쪽 벽에 위치해 있다. 한 승려가 마지摩旨*를 담은 불기佛器와 차를 담은 다기茶器를 쟁반에 받치고 붓다와 그의 제자 아난을 향해 다가서는 그림이다. 승려는 버선발인데 붓다가 온다는 소식을 듣고 한걸음에 뛰쳐나온 것인지, 아니면 법당에 들어선 붓다에게 공양을 올리는 모습인지 알기 어렵다. 붓다의 정수리에선

* 부처에게 공양 올리는 밥.

여래공양도 부분. 붓다에게 마지와 차를 공양하는 승려

은은한 우윳빛 광명이 뿜어져 나와 승려를 감싸고 있는데, 공양의 공덕으로 내세에는 부처가 되리란 수기受記를 내리는 듯 보인다. 가

사로 덮여 있는 붓다의 왼발은 채색 아래로 희미한 흔적이 남아 있고 필선 또한 여러 개가 겹쳐 있다. 이는 애초부터 여러 번 고쳐 그렸을 가능성도 배제할 순 없지만, 후대에 개채가 이루어진 증거일 수도 있다. 그림이 그다지 오래돼 보이지 않기 때문이다. 이 벽화를 보통 여래공양도라 부르는데 평범해 보이는 모습과 달리 전례를 찾기 힘든 내용을 담고 있다. 승려가 직접 붓다에게 공양을 올리는 불화는 거의 없기 때문이다. 이 지점에서 미세한 균열이 발생하게 되고 그 틈을 기림사의 창건설화가 슬며시 채우면서 벽화는 새로운 이름을 가지게 된다. 벽화가 여래공양도가 아니라 기림사의 역사를 담은 '여래헌다도 如來獻茶圖'라는 주장이다.

여래공양도 부분. 붓다의 붉은 가사에는 발을 그렸다가 지운 흔적이 보인다.

1740년에 간행된 『기림사사적』에 따르면 기림사의 창건은 신라 선덕대왕 12년인 643년에 이루어졌다고 나온다. 그런데 『기림사사적』은 창건자에 대해선 언급하지 않다가 기림사 전각에 대한 소개를 마친 후 갑자기 고기古記를 덧붙인다. 느닷없이 범마라국梵摩羅國 임정사林淨寺

에 거처하는 광유성인光有聖人의 이야기가 등장하는 것이다. 여기에 실린 광유성인의 일화는 『월인석보』의 「안락국태자전」과 동일한 것인데, 안락국 태자에 관련된 일화는 인도나 중국의 불전과 변문變文에서 그 유래를 찾을 수 없기에 이 땅에서 자생한 이야기로 본다. 『기림사사적』에 실린 고기, 즉 「안락국태자전」의 내용을 간략히 소개하면 다음과 같다.

범마라국 임정사에 500명의 제자를 거느린 광유성인이 있었는데 어느 날 제자인 승렬바라문 비구에게 서천국西天國의 사라수沙羅樹 왕에게 가서 찻물을 길어 올릴 채녀婇女를 빌려 오라는 명을 내린다. 광유성인의 요청을 전해 들은 왕은 여덟 명의 채녀를 뽑아 임정사에 시주한다. 광유성인은 다시 제자를 시켜 왕이 직접 임정사로 출가를 해서 유나維那*를 맡아주기를 청한다. 왕은 그 말에 기뻐하며 흔쾌히 왕위를 버리고 왕비인 원앙부인과 함께 길을 떠나

* 절의 총책을 맡는 승려.

게 된다. 왕비는 당시 만삭의 몸이었는데, 출산이 가까워져 더 이상 여정을 함께할 수 없는 지경에 이르자 자신은 대부호인 자현장자의 집에 들어가 종이 될 테니 자신을 판 돈으로 광유성인에게 공양 올리기를 청한다. 왕과 승렬바라문 비구는 왕비의 청을 허락한다. 왕은 장차 태어날 아이의 이름을 지어달라는 왕비의 요구에 '묻어버리라'라고 했다가 마지못해 남자아이면 '효자孝子', 여자아이면 '효양孝養'으로 부르라 말한다. 왕비는 왕에게 왕생게往生偈**를

** 불법의 핵심을 담아 극락에 왕생하기 위해 외우는 시 형태의 게송.

일러주고 늘 외우면서 수행하길 부탁한다. 왕은 임정사에 도착해 성인을 만난 후 찻물을 긷는 수행을 하게 되고, 왕비는 장자의 집에서 아들을 낳고 이름을 '안락국'이라 한다. 안락국은 일곱 살이 되자 아비의 행방을 묻고 장자의 집을 몰래 탈출해 임정사에 있는 아비와 만난다. 왕과 안락국은 왕생게를 통해 서로 부자지간임을 확인하지만 깨달음을 완전히 이루고서 다시 만나자는 약속만 하고, 안락국은 다시 장자의 집으로 향한다. 안락국이 장자의 집을 떠난 사이 어미는 자현장자의 성적 착취에 저항하다 살해당해 몸이 토막 나서 버려지고, 안락국은 흩어진 어미의 시신을 수습하며 서럽게 운다. 그때 보살들이 탄 극락용선이 안락국 앞에 나타나 부모가 모두 극락에 태어나 깨달음을 얻게 되었음을 알려준 뒤, 안락국도 태워서 극락에 가는 것으로 이야기는 끝이 난다. 이야기의 마지막에는 등장인물에 관한 해설이 붙어 있는데 광유성인은 석가모니고, 사라수왕은 아미타불, 원앙부인은 관세음보살, 안락국은 대세지보살이란 설명이다.

극락왕생을 빌미로 임신한 아내를 버리고 결국은 죽게 만드는 이야기가 기림사의 창건과 무슨 상관이 있는지 나는 잘 모르겠다. 그럼에도 범마라국이라는 이국을 배경으로 한 이야기가 『기림사사적』에 들어 있다는 사실만으로도 불교가 한반도 남방으로도 전래되었다는 증거라고 주장하는 이도 있다. 왜인지, 언제부터인지 알 수 없지만 기림사가 광유성인의 설화를 자신의 창건설화로 삼아야겠다는 대담한 결단을 내린 것만은 분명하다. 『기림사사적』의 발문跋文은 예부터 비밀스럽게 전해오는 기림사의 고기古記가 『월인석보』의 「안락국태자전」과 같음을 말한다. 그러니까 『월인석보』보다 후대에 지어진 『기림사사적』이 『월인석보』의 이야기를 빌린 것이 아니라 도리어 기림사에서 전해진 고기를 『월인석보』가 채록했다는 뉘앙스를 풍기는 것이다. 또한 『기림사사적』은 「안락국태자전」의 이야기에 이어 석가모니 이전 과거불인 가섭불이 설법한 자리가 현재 황룡사 터라는 『삼국유사』의 「가섭불연좌석」조를 인용하고는 다음과 같이 써놓았다.

"이는 기림사가 석가모니 이전 시대의 부처님(광유성인) 때부터 가람 터였음을 말한다."

이 말을 억지로 해석해보자면 석가모니의 과거불인 가섭불이 신라의 황룡사 터에서 설법을 했다는 『삼국유사』의 기록은 과거불인 광유성인이 신라 땅 기림사에 거주했다는 간접증거라는 것이다.

기림사 역사에 관한 더 후대의 기록인 『별본기림사사적』(이하 『별본』)에서는 「안락국태자전」과 아귀가 맞지 않는 『기림사사적』의 문제를 인지하고는 완벽한 스토리텔링을 위해 수정을 가해 놓았다. "(기림사는) 옛날엔 (안락국태자전에 나오는) 임정사였는데, 이름을 바꾸어 기림사라 했다[古林淨寺 改名祇林寺]"라는 문구를 덧붙이는가 하면, 기림사 절 마당에서 기르고 있던 오색화와 다섯 우물인 오종수五種水를 부각하며 「안락국태자전」의 이야기 자체를 고쳐 실었다. 임정사에서 찻물 길을 사람을 구했다는 「안락국태자전」 이야기는 『별본』에서는 임정사에서 다섯 우물의 물을 길어다 우담바라 꽃밭을 가꿀 이를 구하는 이야기로 변형된다. 꽃밭을 가꾸는 『별본』의 모티프는 '안락국'과 이름도 비슷한 '할락궁이'가 등장하는 「이공본풀이」가 이어받아서 무속적 서사로 확장해 나갔다. 그러나 어떤 계기로 「안락국태자전」이라는 설화가 만들어졌고, 그 이야기가 무슨 연유로 기림사의 창건설화로 둔갑했는지, 또 무속에서 왜 기림사의 『별본』 이야기를 이어받았는지에 대해선 여전히 비밀에 싸여 있다. 앞으로 이 비밀을 풀어줄 새로운 증거와 문헌이 발견되면 더할 나위 없겠지만, 그것이 불가능하다면 누군가 납득할 만한 팩션을 써주길 기대할 따름이다.

지금까지 기림사 창건설화에 얽힌 여러 배경을 살펴보았지만, 약사전의 벽화를 어떻게 보아야 하는가의 문제는 여전히 남아 있다. 여래공양도인가, 여래헌다도인가? 사찰 측은 창건설화와 그림을 하나로 묶어서 여래헌다도라고 말한다. 여래헌다도라면 벽화 속 등장인물들을 새로이 규정해야 한다. 공양을 바치는 승려는 찻물을 긷기 위해 출가한 사라수 왕이고, 붓다로 보이는 이는 광유성인. 그리고 그 곁에 서 있는 존자는 승렬바라문 비구가 될 것이다. 전승된 기록을 토대로 벽화를 새롭게 해석하는 일은 그 의미가 작지 않다. 벽화를 여래헌다도라 부름으로써 기림사는 광유성

여래공양도 부분. 여래에게서 나온 상서로운 빛이 승려를 감싸고 있다.

인 시절부터 불국토佛國土이자 석가모니가 상주하는 사찰이란 상징성을 획득할 수 있을 테니 말이다. 그러나 18세기에 지어진 사적기寺跡記를 토대로 벽화가 그 이전부터 그려져 있었다는 사찰 측의 설명은 쉽게 수긍이 가지 않는다. 창건설화나 벽화 하나에도 치열한 의미를 담아 후대에 전하려는 노력에는 경의를 표하지만, 의미를 위해 사실을 구부려서는 결국 그 의미조차도 퇴색할 것이기 때문이다. 그보다 오늘날의 한국 불교를 보면 과연 후대라고 부를 만한 사람들이 남아는 있을까 걱정이 앞선다. 움베르토 에코의 『장미의 이름』은 베르나르 드 몰레가 쓴 「속세의 능멸에 대하여」

라는 시의 한 구절을 인용하며 다음과 같이 끝을 맺고 있다.

나는 이제 이 원고를 남기지만, 누구를 위해 남기는지는 모르겠다. 무엇을 쓰고자 했는지도 모르겠다. '지난 날의 장미는 이제 그 이름뿐, 우리에게 남은 것은 그 덧없는 이름뿐.'

양산 통도사
견보탑품도

진리는 어떻게 증명되는가

　무심한 표현이 역설적으로 자긍심의 표출일 때가 있다. 경주에서 태어난 이가 왕릉을 '어릴 적 쌀 포대로 미끄럼 타던 언덕'이라 한다든가, 전라도에 사는 이가 유명 한정식집을 '쌔고 쌘 동네 밥집 중 하나'라고 눙치는 경우가 그것이다. 경상도 지역의 불자들도 마찬가지다. 양산 통도사를 '쪼매 먼 절'이라고 대수롭지 않게 말한다. 그러나 석가모니의 진신사리가 모셔진 불보사찰佛寶寺刹인 통도사에 대한 불자들의 애정과 자부심은 형언키 어렵다. 통도사는 내게도 소중한 절이다. 통도사에 가면 늘 명절날 밥상 앞에 앉는 기분인데, 넘쳐나는 고아古雅한 건축물과 그 안팎을 채우고 있는 풍성한 불교미술 때문이다. 기도나 예불이 아닌 건축과 미술을 보기 위해 사찰을 찾는다고 하면 한가한 취미로 보일 수도 있겠지만, 나는 거기에서 은폐된 진리의 현전現前에 대해 생각한다. 하이데거는 『예술 작품의 근원』에서 그리스 신전을 두고 다음과 같이 말한다.

일종의 건축 작품, 즉 하나의 그리스 신전은 아무런 것도 모사하는 것이 없다. 그것은 갈라진 바위 계곡 한가운데에 단순히 서 있을 뿐이다. 그 건축 작품은 신의 형상을 에워싸서, 그것을 은닉한 채로 열린 주랑들을 통해 성스러운 구역으로 내보낸다. 신전을 통해 신이 그 신전 안에 현전한다.

우리는 통도사의 창건이 신라의 자장율사가 중국 오대산에서 문수보살을 만나 석가모니의 진신사리를 가지고 옴으로써 시작되었다고 생각한다. 하지만 하이데거에 따르면 반대다. 금강계단의 불사리탑이 세워짐으로써 진신사리의 존재가 드러나고, 전각들이 들어서면서 그 안에 각양의 모습으로 중생들을 굽어살피는 불보살들이 현현顯現한다. 다시 말해 사리탑과 전각, 그림으로 인해 한국 불교의 '세계가 건립(aufstellen)'되는 것이다. 이는 시방법계十方法界가 불국토이고 붓다의 법신法身은 어디에나 있다는 말을 귀에 딱

지가 앉도록 들은 불자들이 왜 진신사리가 있는 통도사로 몰려드는지 이해할 수 있는 단초가 된다. 불자들이 절을 찾는 까닭은 눈으로 보지 않으면 믿지 못하는 하근기 중생이라서가 아니라, 드러난 형상[佛像] 속에 은폐되어 있는 진리[法身]를 만나려는 열망에서 비롯한다.

통도사의 건축물들은 상, 중, 하 세 구역으로 나누어진다. 일반적으로 금강계단이 있는 곳을 상로전上爐殿, 대광명전 주변을 중로전中爐殿, 영산전이 있는 곳은 하로전下爐殿이라 하지만, 위계位階의 의미가 다분한 상, 중, 하라는 말에 현혹될 필요는 없다. 나는 오해를 피하기 위해 서로전西爐殿, 중로전中爐殿, 동로전東爐殿이라 부르고 싶다. 통도사는 동서로 길게 이어지는 가람 구조이고, 그런 명칭이 통도通度라는 사찰 이름과도 부합한다. 불교에서 말하는 '통通'은 개별적 존재를 억지로 아우르려는 작업이 아니라, 애초에 실체나 차별이 없음을 드러내는 '공空'에 가깝기 때문이다.

아무튼 우리가 만날 벽화는 동쪽 구역인 하로전에서도 사람들의 관심을 가장 받지 못하는 영산전 안에 그려져 있다. 영산전에 들어가 왼쪽으로 몸을 틀면 허공으로 솟아오른 커다란 탑과 마주치게 된다. 11층으로 이루어진 탑은 옥개석마다 황금빛 기왓장을 올렸고, 몸체는 보배구슬로 엮인 영락瓔珞과 풍경風磬으로 장엄되어 있다. 층층마다 호화로움을 상징하는 난간이 둘러져 있고, 상륜부에서 뻗어 나온 장식엔 영락과 종들이 치렁치렁 매달려 있어 마치

통도사 영산전

탑이 분수처럼 보물을 뿜어내는 듯 보인다. 아무래도 눈길을 가장 잡아끄는 부분은 탑의 3층이다. 열린 문 안에는 오색의 서기瑞氣에 둘러싸인 부처 둘이 마주보고 있는데 정체를 알기 어렵다. 탑의 양 쪽에는 네 명의 보살과 네 명의 성문聲聞*이 구름 속에서 부처를 향해 예배하고 있는데 뭔가 허전하다. 거대한 탑 속에 두 부처가 앉은 예사롭지 않은 이 장면에 고작 여덟 명

* 석가모니의 음성을 직접 듣고 배운 당시의 승려들.

의 대중만 참여하고 있을 리가 없다. 그래서 화사는 양 옆의 벽을 이용해 등장인물의 숫자를 늘렸다. 좌우측 벽에 보살, 성문, 신중 20위를 골고루 추가해서 모두 28명의 관객을 만들어놓은 것이다. 벽화의 장엄한 분위기를 제대로 느끼려면 분할된 세 벽면의 그림

견보탑품도 부분. 성문과 보살

을 하나로 이어서 볼 수 있는 안목도 필요하다.

그런데 탑 속에 있는 두 부처는 누구인가. 학계에선 이 벽화를 견보탑품도見寶塔品圖라 부른다. 『법화경』의 11번째 품인「견보탑품」의 내용을 그림으로 옮긴 변상도變相圖란 뜻이다. 「견보탑품」의 내용을 간략하게 살펴보자.

석가모니가 법화경을 설하자 갑자기 거대한 칠보탑七寶塔이 땅을 뚫고 솟아올라 허공에 머물더니 탑 속에서 커다란 소리가 울린다.

"거룩하고 장하시도다, 세존이시여. 중생들을 위하여 법화경을 설법하셨구나. 석가모니 세존께서 하시는 말씀은 다 진실이로다."

그때 대요설이란 보살이 나서서 어떤 연유로 탑이 솟아 음성이 들리는지를 석가모니에게 묻는다. 석가모니는 본디 탑에 여래의 모든 몸[全身]이 있고, 지금 탑 속에 있는 이는 오래전 동방의 보정이란 나라에 머물던 다보여래多寶如來로, 그가 보살도를 행할 때 '만일 내가 부처가 되어 열반한 뒤에 법화경을 설하는 곳이 있으면, 내 탑이 이 경을 듣기 위해 솟아나서 증명하고 찬탄하리라'는 서

벽화는 양쪽 벽에 그려진 청중들을 함께 볼 때 그 장엄함이 살아난다.

원誓願을 세웠기 때문에 등장한 것이라 말한다. 대요설 보살이 다보여래의 몸을 보기를 원하자 석가모니는 자신의 분신인 부처들을 불러 모은다. 헤아릴 수 없이 많은 세상의 헤아릴 수 없는 부처들이 빠짐없이 보탑 앞에 모여 경배하자 석가는 보탑의 문을 열고 들어가 다보여래와 함께 자리를 나누어 앉는다. 이때 지켜보던 대중들은 석가의 신통력으로 허공에 머물게 되고 석가모니는 법화경을 세상에 잘 전해줄 것을 대중들에게 부탁하면서「견보탑품」은 마무리된다.

웅장한 보탑이 허공에 솟은 까닭은 『법화경』의 내용이 진실임을 증명하는 것이고, 탑 속의 두 부처는 현세의 석가여래와 과거세의 다보여래다. 이로써 우리는 벽화의 의미를 온전히 이해한 것일까? 「견보탑품」을 통해 얻은 지식은 도리어 벽화의 진실을 은폐한다. 불교에서 사용하는 '변상도'라는 말엔 경전의 텍스트와 그림이 일대일로 치환되어야 한다는 은밀한 폭력성이 숨겨져 있다. 벽화의 근거가 경전이긴 하지만, 그림은 그림으로서 고유한 속성을 지니고 있다. 바로 공간성이다. 이로 인해 벽화는 경전을 시각적으로 재현하는 역할에 매몰되지 않고 자신의 정체성을 주변 공간의 맥락에 맞추어 재편한다. 벽화의 숨겨진 의미를 찾기 위해선 우선 그림이 그려진 영산전靈山殿이 어떤 곳인지 이해해야 한다.

영산은 『법화경』에서 만년의 석가모니가 설법을 한 장소인 인도 왕사성 영축산靈鷲山이다. 그러나 한국에서 영산은 붓다가 상주하는 곳이자 진리가 현현하는 상징적인 장소로 이해되어왔다. 망자의 극락왕생을 발원하는 천도재를 영산재靈山齋라 부른다든가, 진신사리를 모신 통도사가 있는 산 이름이 '영축산'인 것은 우연이 아니다. 통도사 영산전 역시 법화신앙의 상징이 아니라 석가모니가 상주하는 진리의 성전으로서 의미가 도드라진다. 영산전의 중앙 벽을 차지하고 있는 팔상도와 전각의 창방과 포벽을 가득 메운 『석씨원류응화사적』의 벽화들은 대승 경전의 난해한 내용이 아니라 생전 붓다의 여러 일화를 담고 있다. 이러한 사실은 통도사 영산전이 특정 경전의 테두리를 벗어나 불교와 진리 자체를 표상하는 열린 공간임을 드러낸다.

영산전의 성격은 당연히 견보탑품도에도 영향을 미친다. 벽화는 더 이상 『법화경』을 설명하는 변상도에 머물지 않는다. 벽화는 자신이 속해 있는 영산전이 상징하는 모든 것이 거짓이 아님을 입증해야 하는 위치에 서게 된다. 벽화는 석가모니의 존재와 교설 전체가 진리임을 입증하는 진리증명도^{眞理證明圖}의 위상을 지닌다. 다시 말해 불교라는 종교 전체에 대해 증명하는 그림이 되는 것이다. 벽화가 영산전에 봉안된 석가모니 불상과 마주보는 곳에 그려

견보탑품도 부분, 석가여래와 다보여래

진 것도 이와 무관하지 않다. 그런데 증명이 왜 중요한 것인가? 진리가 스스로 진리라고 말할 때 그것은 진리가 아니기 때문이다. 진리는 증명을 통해서만 비로소 감추어진 존재의 실상을 드러낸다. 그렇기에 붓다는 깨달은 직후 지신地神을 불러 자신의 깨달음을 증명케 했고, 다보여래는 먼 과거로부터 호출되어 법화경이 진리의 말임을 증명했다.

이는 예수도 마찬가지였다. 예수가 인간 요한에게 굳이 세례를 요청한 것은 자신이 자기 완결적이고 폐쇄적 체계 안에서 메시아임을 강변하는 자가 아님을 보여주기 위해서였다. 세례가 끝난 후 하늘에선 다음과 같은 음성으로 예수를 증명한다.

"이는 내 사랑하는 아들이요, 내 기뻐하는 자라."

그런데 오늘날 한국인의 정치적 견해나 종교적 주장을 살피다 보면 붓다나 예수가 얼마나 나약한 생각을 지니고 있었는지 알게 된다. 우리는 자신이나 자신이 속한 집단과 관련된 일에 있어서는 증명 따윈 필요 없는 절대적 확신과 당연의 세계 속에서 살아가고 있다. 오직 자기와 자신의 진영만이 정의와 이익을 독점할 자격이 있다고 여기며 이에 조금이라도 반하는 상대방은 어떻게든 절멸시키려 애쓰는 우리의 모습은 영화 〈세븐 싸인〉의 대사와 겹친다.

"우리는 아무도 구원받을 수 없어. 왜냐고? 기독교인은 그들을 제외하면 아무도 천국에 이르지 못하고, 이슬람교도는 그들만 구원받을 수 있고, 불교도는 그들만 해탈을 이루게 되지. 그러니 다

합치면 우린 모두 지옥행이야."

 이처럼 자신만이 진리이고 세상을 위한 선의를 지녔다고 믿어 의심치 않는 인간들이 모여서 탄생하는 곳이 바로 지옥이다.

 오늘도 통도사를 찾은 사람들은 금강계단 주변을 서성이며 붓다가 전하는 진리를 엿보려 애쓸 것이다. 그러나 그들 대부분은 모른다. 그 진리가 진리일 수 있게 하는 것은 믿음이나 열망이 아니라 컴컴한 영산전 내부에서 조용히 바래가는 한 점의 벽화라는 사실을.

넷째 장

남쪽의 거친 계곡을 건너

상주 남장사
이백기경상천도

이태백이 노든 달아!

이태백李太白. 이 전후만고前後萬古의 으리으리한 「화족華族」. 나는 이태백을 닮기도 해야한다.

위 문장의 '나'는 누구일까. 당나라 시인 이태백을 역사상 다시 없을 고귀한 족속이라 상찬하며 '닮기'까지 하려는 이 사람 말이다. 툭하면 한시漢詩를 읊조리며 취향을 과시하려 드는 늙다리일까, 아니면 고전을 공부하다가 일찍 겉멋이 들어버린 인문학도일까. 만약 그가 한국문학의 모더니스트 가운데서도 가장 급진적이라

할 수 있는 이상李箱이고, 고작 스물여섯에 쓴 글이라 한다면 누군가는 '거 장난이 너무 심한 거 아니오'라고 말할지도 모르겠다. 당나라 시인을 흠모하는 젊은 모더니스트란 진술은 빈약한 상상력에 생채기를 내기 십상이지만, 어쩌겠는가, 이상이 유서처럼 써내려간 「종생기終生記」에서 이렇게 말해놓은 것을. 그런데 고전에 관심이 많았던 이상이라 할지라도 중국의 시성詩聖 두보나 백거이, 소동파 등을 제쳐두고 이태백을 호출한 까닭이 궁금해지는 것이다.

암만해도 나는 십구세기^{十九世紀}와 이십세기^{二十世紀} 틈사구니에 끼워 졸도^{卒倒}하려 드는 무뢰한^{無賴漢}인 모양이오.

이상이 지인에게 보낸 편지에는 전통과 근대, 조선과 일본 그 어디에도 정착하지 못하는 경계인으로서 불안과 고통이 배어 있다. "어머니 아버지의 충고^{忠告}에 의하면 나는 추호^{秋毫}의 틀림도 없는 만 25세^{滿二十五歲}와 11개월^{十一個月}의 「홍안미소년^{紅顔美少年}」이라는" 육체적 사실과 "그렇것만 나는 확실^{確實}히 노옹^{老翁}이다"라고 느끼는 감정 사이의 격절^{隔絕}도 이런 딜레마를 상징적으로 함축한다.

이태백 역시 시대와 재능 사이의 시차 때문에 제 한 몸 둘 곳도 마땅치 않았던 인물이다. 처음엔 '하늘이 내린 재능은 반드시 쓰일 것[天生我材必有用]'이라 스스로 위안하며 '벗 없이 홀로 술을 마시며[獨酌無相親]' 울분을 견뎠지만 세상은 천재를 품기엔 너무 느리고 비루했다. 결국 그는 '고금의 성현 따위는 모두 적막하고[古來聖賢皆寂寞]', '오직 술꾼만 그 이름을 남긴다[惟有飲者留其名]'고 노래하며 천명^{天命}이니 인륜이니 하는 강박에서 벗어나버렸다.

대개 규율이나 합리와 같은 아폴론적 질서가 지배하는 현실세계에서 밀려나고 짓밟힌 사람일수록 '자연으로 돌아가자'라는 낭만적 구호 속에 스며든 디오니소스적 무질서와 밤의 정조를 체화하기 마련이다. 태양 아래 질식했던 존재들은 달빛이 어루만질 때 비로소 숨길을 튼다. 알다시피 이성이 유폐된 시간의 마디를 생장

시키는 명약은 술이다. 이태백이 '주酒태백'으로 불리고, 이태백이 놀던 것이 '달'인 이유가 여기에 있다. 그러나 '천재', '광인', '주변인' 같은 기질적 동질감만으로 이상이 자신과 이태백 사이에 가로놓인 시공간의 심연을 메웠던 것은 아니다. 낭만주의라는 산맥이 뻗어나간 끝자락에는 으레 초현실주의라는 첨탑이 세워지기 마련인데, 편지와 수필에 나오는 다음과 같은 문장은 이상의 문학이 실은 이태백이라는 낭만주의에 뿌리를 두고 있음을 밝히고 있는 셈이다.

남장사 보광전으로 오르는 계단

동경東京이란 참 치사侈奢스런 도都십니다. 예다 대면 경성京城이란 얼마나 인심人心 좋고 살기 좋은 「한적閑寂한 농촌農村」인지 모르겠읍니다.

이태백李太白이 노든달아! 너도 차라리 십구세기十九世紀와 함께 운명殞

命하여 버렸을든들 작시나 좋았을가.

많은 이들에게 이태백은 기껏해야 〈달타령〉의 첫 소절을 환기시키는 기표이거나, 주사酒邪를 낭만이란 이름으로 포장하기 위한 핑곗거리지만, 이상은 이태백을 사숙私淑하며 그가 남긴 유산의 상당 부분을 제 문학적 토양으로 일궈냈다. 그런데 이상과 꽤 다른 방식으로 이태백에 관심을 두고 그를 위한 공간을 내어준 곳도 있었다. 바로 상주 남장사다.

남장사 극락보전 서쪽 포벽에는 이백기경상천도李白騎鯨上天圖가 그려져 있다. 19세기 중반 극락보전 중수 때 그려진 것으로 추정되는 벽화는 절집 그림으로선 드물게 이태백을 소재로 삼고 있다. 그러나 같은 말이나 사물도 맥락과 배치에 따라 그 의미와 쓰임이 전혀 달라지듯, 극락보전에 그려진 이태백은 시대와 불화한 천재의 면모보다는 종교적 초월성이 두드러진다. 이태백이 채석강에서 뱃놀이를 하던 중에 물에 뜬 달을 보고 건지려다 빠져 죽었다는 전설은 그가 도교에 탐닉했고 시선詩仙이라는 별칭으로 불렸다는 사실과 결합해 이야기의 결말을 확장했다. 그가 물에 빠져 죽은 것이 아니라 신선이 되어 고래를 타고 하늘로 올라갔다는 것이다. 남장사의 이태백은 전설의 최종 버전, 즉 '시인 이태백'이 아닌 '신선 이태백'을 담아내고 있다. 그림과 정확히 마주보는 동쪽 포벽에 그려진 그림이 도교의 신선 적송자赤松子란 사실도 이를 뒷

받침해준다.

그림 속 이태백은 은자隱者의 상징인 화양건을 쓰고 엉거주춤한 자세로 거친 물살을 헤치며 나아가는 커다란 고래 위에 올라서 있다. 그림은 별다른 설명이 필요 없을 만큼 간단해 보인다. 그러나 그렇게 '보이는 것'과 '보는 것'은 별개의 영역이다. 먼저 이태백의 자세부터 보자. 실제로 따라 해보면 꽤 불편한 자세임을 알 수 있다. 이태백이 이런 모습을 취한 이유는 화면이 사각형 형태가 아닌 직각삼각형 모양이라는 것과 관련이 있다. 다시 말해 삼각형 화면 속에 어울리는 최적의 구도를 찾기 위한 화사의 고심이 담겨 있는 것이다. 오른편 위쪽에 그려진 희미한 달과 이태백의 비스듬한 등, 고래의 꼬리를 한 줄로 이어보면 화면의 대각선 틀과 평행을 이룬다. 이런 구도로 인해 이태백 본인은 불편할지언정 보는 사람의 눈은 한결 편안해지는 것이다. 또 고래, 사람, 달로 이어지는 시선의 연속성은 주제를 부각하는 동시에 비행기가 이륙할 때의 궤적처럼 그림에 상승감을 부여한다. 화사는 이백이 하늘로 올라가는 직접적인 모습을 그리지 않고도 '하늘을 오른다上天'라는 화제畫題를 감각적으로 표현하고 있는 것이다.

그림 왼편에 쓰인 '이백이 고래를 타고 하늘을 오른다[李白騎鯨上天]'라는 화제畫題에 대해 짚고 넘어갈 필요가 있겠다. 그림 속 고래에 대한 억측들이 난립하고 있기 때문이다. 이백이 타고 있는 것이 정말 고래인가? 차라리 선사시대 반구대 암각화의 고래가 더 고래답게 보일 정도다. 화사는 고래를 한 번도 본 적이 없어서 잉어 비슷한 걸 그려놓고 고래라고 우기는 것일까? 답부터 말하자면 고래가 맞다. 이를 이해하기 위해선 중국 회화사의 출발점으로 평가받는 동진東晉의 화가 고개지顧愷之가 그린 낙신부도洛神賦圖를 살펴야 한다. 현재 남은 것은 원본이 아니라 송대宋代에 모사된 그림이긴 하나 옛 사람이 고래를 표현한 방식을 참조하기에 모자람이 없다. 낙수의 여신[洛神]이 조식曹植과 사랑을 나누고 헤어지는 장면에서 낙신을 호위하는 것은 용과 고래다. 거기에 등장하는 고래는 물범의 얼굴에 용의 코, 잉어의 몸통을 조합한 모습이다. 고개지가 고래를 상상의 동물처럼 표현한 이유는 그의 미학이 전신론傳神論이기 때문이다. 동양 회화사에 절대적 영향을 끼친 고개지의 전신론이란 대상의 외형을 비슷하게 그리는 것보다 대상의 골수를 드러내는 것이 중요하다는 이론이다. 그래서 낙신부도의 고래는 물의 여신을 호위할 만큼 영험한 신화 속 존재로 그려져야 하는 것이다. 남장사 극락보전의 고래도 마찬가지다. 신선이 된 이태백을 태우는 존재가 동해바다에 출몰하는 고래나 해양생물 도감에 실린 고래 사진과 같은 모습일 순 없다. 그것은 허먼 멜빌의『모비딕』에 나오는 가공할 만한 자연으로서의 고래나 상식으론 헤아릴 수 없는 종교적 성물聖物에 가까워야 한다. 그런 점에서 화사는 고래를 고래답게 표현했다고 할 수 있다.

그림 속 고래에 관해 한 가지 덧붙이자면 고래는 그 자체로 이태백을 상징한다. 고래 등 위에 매어놓은 술병을 보라. 술병과 고

낙신부도 속 고래

래를 합치면 다름 아닌 '술고래'가 된다. 흔히 술을 엄청 마시는 것을 경음鯨飲이라 하고, 그런 이를 술고래라고 부른다. 이태백의 전설에 고래가 등장하는 것은 고래가 이태백의 다른 이름이기 때문이다. 이태백이 신선의 복장이 아니라 어부마냥 소매와 바짓단을 걷어붙이고 있는 모습도 이같은 맥락으로 읽어낼 수 있다.

눈썰미가 있는 이라면 발견했겠지만 그림엔 이해할 수 없는 부분이 있다. 이태백의 오른발엔 엄지발가락이 밖으로 붙어 있고, 오른손 새끼손가락엔 마디가 하나 더 그려져 있다. 이것이 화사의 실수인지, 이태백이 기인奇人임을 드러내기 위한 의도인지, 개채로 인한 변형인지 알 도리가 없다. 화사는 '이것도 한번 풀어보시지' 하며 내기를 걸어오는 것만 같다. 그래서 고맙다. 덕분에 그림에 대한 시답잖은 분별은 이쯤에서 접어두고 밖으로 나가 이태백이 놀던 달을 보고 싶어졌으니 말이다. 달빛에 문득 겨드랑이가 가려워온다.

영덕 장육사
문수 · 보현보살도

말 없는 말은 어떻게 듣는가

불현듯 관음전의 주련이 말을 걸어온다.

백의관음이 말 없이 말을 하니[白衣觀音無說說]
선재동자는 듣지 않고도 듣는구나[南巡童子不聞聞]

관음의 말 없는 말이란 어떤 것일까. 침묵 속에 담긴 이심전심의 비전秘傳인가, 아니면 논리의 그물코를 찢고 나온 선문답 같은 것일까. 어쩌면 데리다가 말한 '존재하면서 동시에 존재하지 않

문수보살도(위), 보현보살도(아래)

{ 영덕 장육사 문수·보현보살도 } 말 없는 말은 어떻게 듣는가

는' 기표 같은 뜻은 아닐까. 데리다에게 언어는 어떠한 의미의 항구에도 정박(碇泊)하지 못하고 망망대해를 떠도는 부표(浮標)와도 같으니 말이다. 관음과 선재의 문답이 등장하는 『화엄경』 「입법계품」을 떠올린다. 선재가 만나는 53명의 선지식 가운데 28번째가 관음보살이다. 선재가 관음에게 묻는다.

"거룩하신 이여, 저는 이미 최고의 깨달음[無上正等覺]을 얻겠다는 마음을 내었지만, 어떻게 보살의 행동을 배우며, 어떻게 보살의 도를 닦아나가야 하는지 알지 못합니다. 거룩하신 이께서 잘 가르쳐주신다 들었으니 제게 말씀해주소서."

관음보살의 대답을 한마디로 줄이면 대비(大悲)다. 중생을 지극히 가엽게 여기는 마음으로 행할 뿐. 『화엄경』의 관세음보살은 분명 말로써 선재의 질문에 답했다. 이처럼 번듯한 관음의 답변을 '말 없는 말'이라고 표현한 비밀을 슬쩍 흘리자면 공(空)과 무아(無我)가 그 바탕에 있기 때문이다. 다시 말해 관음은 '말함이 없는 말'로 전하고, 선재는 '들음이 없는 들음'으로 받는다. 중생은 의도하고 행하는 족족 업(業)이 되지만, 깨달은 이들은 무엇을 해도 함이 없는 무위(無爲)의 경지에 있음을 나타내는 것이다. 그러나 나는 교리가 아닌 벽화를 생각하고 있었다. 벽화가 전하는 말 없는 말을 듣지 않고도 듣는 방법에 대해서.

대웅전에 들어가 다시 벽화를 본다. 대웅전 오른쪽 벽에 그려진 이가 문수보살이고, 왼쪽이 보현보살이다. 문수와 보현은 관음보

장육사 대웅전

살, 지장보살과 더불어 대승불교를 대표하는 보살로 사찰 벽화에서 자주 다루는 소재다. 영덕 장육사의 벽화는 문수와 보현을 그린 수많은 벽화들 사이에서 빼어나기로 몇 손가락 안에 드는 작품이지만, 이 그림이 정확히 언제 그려졌는지는 알 길이 없다. 후불벽의 영산회상도와 지장도가 1764년에 조성되었으니 그때쯤이 아닐까 추정할 뿐이다. 문수와 보현은 쌍상투를 튼 동자의 모습이지만 표정은 근엄하고 진지하다. 문수는 여의를 들었고 보현은 연꽃을 쥐었다. 문수가 올라탄 사자가 침묵 속에 웅크린 정적인 모습이라면, 보현의 코끼리는 굉음을 내지르며 육중한 발걸음을 내딛는 역동적인 모습이다. 사자와 코끼리가 상징하는 것은 중생을 제도하는 석가모니의 두 측면이다. 백수의 왕 사자 울음소리에 뭇

{ 영덕 장육사 문수·보현보살도 } 말 없는 말은 어떻게 듣는가

동물들의 뇌가 찢어지듯[獅子吼無畏說 百獸聞之皆腦裂] 석가모니의 지혜의 설법을 들은 중생은 번뇌가 사라지고, 코끼리가 걸음을 옮기는 순간 모든 짐승들이 길을 비켜주듯 석가의 자비와 실천을 막아설 것은 없다. 벽화에는 화제가 달려 있는데, 문수도에는 '문수는 깨달음에 통달했다[文殊達天眞]', 보현도에는 '보현이 연기를 밝혔다[普賢明緣起]'라는 글귀가 적혀 있다. 이 뜻을 헤아리기 위해선 서산대사의 『선가귀감』을 살펴야 한다.

> 이치는 단박에 깨칠 수 있으나, 습성과 업은 단번에 제거할 수 없다.[理雖頓悟 事非頓除] 문수는 깨달음을 마쳤고, 보현은 연기를 밝혔다.[文殊達天眞 普賢明緣起] 이해는 번갯불 같으나, 수행은 순차적으로 이루어진다.[解似電光 行同窮子]

문수보살도 부분

서산은 『능엄경』의 '이즉돈오 사비돈제理則頓悟 事非頓除'를 빌려와서 이에 대한 해석으로 문수와 보현의 예를 들었다. 여기서 문수는 깨달음을, 보현은 수행을 의미한다. 서산이 말하는 '문수달천진 보현명연기'란 연기법은 단번에 깨달을 수 있지만, 타고난 업과 쌓아온 습성을 고치려면 꾸준히 닦아나갈 수밖에 없다는 입장이다. 이를 돈오점수頓悟漸修라 부르기로 하자.

그러나 '문수달천진 보현명연기'는 『원각경』의 「문수보살장」과 「보현보살장」을 전통적으로 요약해서 불러온 말이다. 그런데 『원각경』에서 가장 유명한 구절은 "환상을 버리면 곧 깨달은 것이니 점차로 닦을 것이 없다[離幻卽覺 亦無漸次]"라는 말이다. 깨우치면 더는 수행할 것이 없다는 뜻인데 이를 요약하면 돈오돈수頓悟頓修이다.

그렇다면 서산은 돈오점수만을 고집하는가? 서산의 『선가귀감』은 독창적 사상을 피력한 책이라기보다는 수행자들을 위해 여러 경전이나 선서禪書의 핵심적인 내용을 발췌해서 엮은 참고서다. 그렇기에 『선가귀감』에는 『원각경』의 "환상인 줄 아는 순간 여의어서 방편을 지을 것이 없고, 환상을 떠나면 깨달은 것이라 점차로 닦을 것도 없다[知幻卽離 不作方便 離幻卽覺 亦無漸次]"라는 구절 역시 등장한다. 이때만 해도 돈오돈수와 돈오점수는 서로를 보완하는 수행론이었을 뿐이다.

돈수와 점수가 첨예하게 대립하게 된 계기는 성철의 발언 때문이었다. 1980년대 당시 조계종의 종정宗正이었던 성철이 선문禪門의 올바른 길은 오직 돈오돈수일 뿐이라고 말하며 칼끝을 보조국사 지눌에게 겨누었다. 성철의 입장은 간명하다. 수행은 완전한 깨달음을 이루기 위한 것으로, 깨달은 이후에도 수행이 필요하다면 그것은 부처의 깨달음이 아니란 것이다. 지눌은 돈오점수를 말하면서 후대의 수행자를 거짓 깨달음에 머물게 했으니 그 첫값을 물어 법맥에서 제명해야 마땅하다고 주장했다.

그러나 지눌을 국사전國師殿에 모시고 있는 송광사 입장에서는 문중 어른을 부관참시하는 성철의 주장은 날벼락이었다. 학자들이 참여하면서 논쟁은 꽤나 과격한 양상을 띠었는데 심지어 성철이 깨달음에 대해서 논하기 전에 스스로 깨달았다는 증거를 내놓아야 한다는 글도 나왔다. 한 학자는 화엄철학에 바탕을 둔 '돈오돈수적 점수론'으로 화해를 시도했지만 양쪽 모두에게 비판을 받았다. 이 논쟁은 문중을 중시하는 한국 승가의 구조에서 해인사와 송광사 사이의 생사를 건 싸움이 될 수밖에 없었다.

돈수와 점수에 관한 논쟁을 되돌아보면 성철이 과연 지눌의 사상을 제대로 독해했는지의 문제는 차치하고서라도 불교의 깨달음을 선불교와 간화선看話禪*만을 기준으로 재단하려 했다는 비판은 귀담아 들을 만하다. 그러나 성철의 문제 제기가 대충 공부하고도 한 소식을 얻었다는 착각에 빠진 가짜 도인들로 넘쳐나던 당시 승가에 울려 퍼진 통렬한 사자후獅子吼였다는 점에서는 여전히 불교 수행의 지남指南으로 남아 있다.

* 화두 참구를 중심으로 하는 선 수행.

지켜야 할 문중도 없고, 이어야 할 법맥法脈도 없는 우리들로선 깨달음이 돈수든 점수든 무슨 대수겠는가. 그러나 이 논쟁은 의외로 앎과 실천의 문제와 밀접한 연관을 지닌다. 돈오돈수는 지극한 앎은 실천의 끝에서 완성된다는 의미이고, 돈오점수는 지혜가 없으면 제대로 된 실천도 불가능하다는 입장과 다르지 않다.

또한 문수文殊의 깨달음은 특수特殊이고 보현普賢의 실천은 보편普遍이니, 앎은 저마다 다를 수 있으나 그 실천은 항시 사회적인 연관 속에서 이루어질 수밖에 없다는 뜻으로 풀 수 있다. 불교에서 문수와 보현을 석가모니의 깨달음과 실천을 상징하는 두 보살로

보현보살도 부분

내세운 것은 앎에서 그치는 지혜는 지혜가 아니고, 지혜가 없는 행동은 실천이라 부를 수 없음을 뜻한다. 이처럼 앎과 실천은 분리할 수 없으니 곧 앎은 앎이 아니고, 실천은 실천만이 아닌 것이다. 관음전 주련에 적힌 '무설無說의 설說'이란 구절을 언어도단이나 말장난으로 치부할 수 없는 것은 이 때문이다.

실천과 깨달음이 둘이 아닌 경지에 이르러서야 새로운 삶과 세상이 열린다. 관음의 '말 없는 말'을 '들음 없는 들음'로 받아내며 불국토를 끊임없이 순례해온 선재라는 존재는 이를 상징한다. 문수는 지혜이고 보현은 실천을 상징한다는 단편적 지식 따위로 삶은 바뀌지 않는다. 문수와 보현이 둘이 아님을 읽어낼 수 있을 때 비로소 지혜와 자비라는 뜬구름 같은 말들이 내 삶에 사무치는 가르침이 될 수 있을 테니 말이다.

논산 쌍계사
서왕모도

사람의 무늬, 아는 것의 즐거움

논산 쌍계사의 가을은 이미 절정에 이르러 있었다. 바스락거리는 낙엽에도 깊은 산 내음이 묻어 나왔다.

한 학인이 운문雲門에게 물었다.

"나무가 시들고 낙엽이 질 때는 어찌합니까?[樹凋葉落時如何]"

운문이 답했다.

"가을바람에 진면목이 드러나겠지.[體露金風]"

1738년에 지어진 쌍계사의 대웅전은 이상하리만치 기단만 남은 폐사지廢寺址처럼 보였다. 있으되 실로 있는 것은 아니라는 공空

의 법문이 대웅전 앞 수조에 떨어지는 물소리보다 확연하게 들려왔다. 쓸쓸해서 아름답고, 아름답기에 다시 쓸쓸해지는 쌍계사의 풍광은 지난 어리석음과 앞으로 짓게 될 죄업을 양지바른 절 마당에 죄 묻어버리고 어디론가 떠나라고 말하고 있었지만, 나는 '차마 단풍나무 숲을 향해 난 작은 길을 걸어서' 사라지지 못하고 어둑한 대웅전 안으로 죄인처럼 몸을 숨겼다.

벽화는 대웅전 안 오른편 구석자리에서 우릴 기다리고 있다. 19세기 무렵에 그려진 것으로 추정되는 그림에는 세 명의 여인이 등

164

장한다. 화면 왼편에는 오색구름을 탄 채 고개를 돌린 여인과 선扇을 쥔 자그마한 시녀가 있고, 오른편에는 복숭아를 받쳐 든 여인이 그 뒤를 따르고 있다. 오른편 여인의 나부끼는 옷자락은 그녀가 조금 늦게 출발해 급히 일행을 따라잡았음을 알려준다. 앞에 선 여인이 눈빛으로 시녀에게 묻는다. '복숭아는?' 부채를 쥔 시녀는 '잘 오고 있습니다'라고 상황을 전한다. 이 벽화의 주인공은 왼편에 가장 크게 그려진 여인이다.

당신은 이 여인을 아는가? 어쩌면 당신은 한 번쯤 이 여인과 마주쳤을지도 모른다. 고분古墳이나 옛 그림에서 흘깃 보았거나 『서유기』나 『구운몽』에서 그 이름을 듣기도 했을 것이다. 관심이 없어 스쳐 지나쳤겠지만, 생면부지의 인물은 아니란 이야기다. 그림

쌍계사 대웅전

속 여인은 낯선 번호로 걸려온 전화 너머에서 당신의 이름을 다정하게 부르는 미지의 목소리다. 당신은 식은 땀을 흘리며 기억의 장부를 열심히 뒤적거리겠지만 그리 간단히 이름이 떠오르진 않을 것이다. 여기 기억을 되살릴 만한 이야기를 가지고 왔다.

서왕모^{西王母}는 중간에 앉아 그 옆에 반도^{蟠桃}를 쌓아두고 연회에 온 이들에게 하나씩만 나눠 주었다. 옥황상제와 노자^{老子}에게는 두 개, 오직 석가여래에게만 세 개를 주었다. 여래는 반도를 들어 게송을 읊었다.

천년 된 반도는 있어도

서왕모도 부분, 서왕모와 시녀

백년을 사는 사람은 없구나

가련타, 텅 빈 뗏목이여

잊어버린 나루를 건너게 하소서

그 뒤에 쪼개어 먹으니 가섭은 침을 흘리고, 아난은 그 모습을 흘기며 웃었다. 여래는 가섭과 아난에게 복숭아 한 개씩을 주었다.
(중략)
투전승불鬪戰勝佛이 옆에 있다가 큰 소리로 말했다.
"왕모는 어찌하여 나에게 하나를 더 주지 않는가?"
여래가 오공悟空을 꾸짖었다.
"너는 이미 부처가 되었음에도 어이하여 성정이 옛날처럼 거친 것이냐?"
이에 노자가 말했다.
"저이가 지난번 반도연蟠桃宴에서 복숭아를 다 훔쳐 먹었는데, 오늘 겨우 한 개 받았으니 마음에 차겠소? 빼앗아 먹지 않은 게 이상한 일이지."
투전승불이 웃으면서 말했다.
"나는 이미 성불成佛했는데, 어찌 도둑질을 하겠소? 부처와 도둑이 함께 있다는 말은 모순이구려."
이 말에 연회에 참석한 모두가 한바탕 크게 웃었다.

고소설 『구운기九雲記』의 한 대목이다. 『구운기』는 『구운몽』을 익

명의 저자가 증보^{增補}한 것으로 그 장회^{章回}가 원본의 두 배를 넘는다. 그래서 원작에는 없는 위와 같은 재미난 장면도 첨가되었다. 옥황상제와 노자, 석가여래와 관음보살, 신선과 선재동자, 심지어 손오공까지 모인 대규모 연회의 주최자는 서왕모, 즉 벽화 속 여인이다. 우리는 벽화가 이 연회를 위해 시녀를 대동하고 자신의 반도원^{蟠桃園}에서 복숭아를 가져오는 장면을 그린 것임을 알 수 있다. 서왕모의 정체는 무엇일까.

서왕모도 부분. 요지연에 쓰일 복숭아를 들고 가는 시녀로 볼 수 있지만, 마고헌수도라는 독립된 하나의 그림으로도 읽을 수 있다.

   서왕모와 관련된 기록 가운데 가장 오래된 문헌인 『산해경^{山海經}』에 따르면 서왕모는 서쪽 옥산^{玉山}에 거주하며 사람과 비슷하게 생겼지만 표범의 꼬리에 호랑이 이빨을 지녔고 봉두난발에 머리꾸미개[勝]를 꽂고 휘파람을 잘 부는 반인반수의 모습이다. 여기서 서왕모는 하늘의 재앙과 다섯 가지 형벌을 주관하는 능력을 지닌 신으로 소략하게 언급될 뿐이다. 서왕모가 제대로 된 신격을 갖추게 된 것은 전한^{前漢} 시대를 전후로 한 기록에서 거처가 곤륜산으로 바뀌고 장생불사^{長生不死}하는 능력을 지녔다고 묘사되면서부터이다. 또한 이 무렵 무덤에서 출토된 화상석^{畫像石} 속 서왕모는 단순히 설화적 인물이 아닌 죽음을 이겨내고 사후세계를 관장하는 종교적 절대자로 삼족오^{三足烏}와 구미호, 옥토끼와 두꺼비 등을 거느린 모습으로 등장한다. 시간이 흐르면서 서왕모는 점차 불교의 내세관과 도교의 신선술에 두루 관련을 맺으며 뭇 선녀와 신선을 통할하는 위상을 갖추게 되는데, 오늘날 전해지는 서왕모의 모습은 위진^{魏晉} 시대의 지괴^{志怪}소설인 『한무내전^{漢武內傳}』의 영향이다.

서왕모는 두 시녀와 함께 궁전에 올랐는데, 시녀는 나이가 16~17세 정도로 푸른 상의를 입은 미녀들이다. 서왕모는 동쪽을 향해 앉았는데 나이는 30세 정도이다. 황금색 비단 치마에 영비^{靈飛}의 끈을 두르고, 허리에는 분두^{分頭}의 검을 차고, 태화^{太華}의 머리 모양에 보배 관^{冠}을 썼으며, 검은 옥으로 장식한 봉황 문양의 신을 신고 있다. 자태는 온화하고 얼굴은 절세미인으로 신령한 존재의 모습이다.

쌍계사에 그려진 서왕모는 세 마리의 사나운 청조^{靑鳥}를 거느린 반인반수가 아니라 후기에 확립된 미인의 모습이다. 삼천 년마다 열매를 맺는다는 장생불사의 복숭아를 나눠 먹는 서왕모의 연회를 반도회蟠桃會라 하는데, 연회가 곤륜산에 있는 연못인 요지에서 펼쳐졌기에 요지연瑤池宴이라고도 한다. 중국의 문헌과 그림에 등장하는 반도회는 주로 신선들이 모여 연회에 참석하러 가는 내용이 주를 이룬다. 김홍도의 군선도群仙圖에는 도교의 교조인 노자와 복숭아 덕에 장수한 동방삭을 비롯한 여러 신선들이 등장하는데 다름 아닌 서왕모의 반도연에 참석하러 가는 모습을 그린 것이다. 여덟 신선이 바다를 건너는 팔선과해도八仙過海圖 역시 반도연이라는 맥락 속에서 이해해야 하는 작품이다.

조선 후기에 유행한 그림인 요지연도瑤池宴圖는 중국과 달리 서왕모의 연회 장면이 중심이 되고『구운기』에서 보듯 불보살도 등장한다. 한국의 요지연도는 서왕모를 매개로 한 도교와 불교의 융합적 성격이 한층 강화된 그림인 것이다. 이밖에도 요지연도는 장생불사와 연회라는 두 가지 의미를 가지고 있어 탄생, 혼인, 회갑

김홍도, 군선도 부분

같은 축하연의 병풍 그림으로 민간에서 널리 쓰였다. 그렇다면 쌍계사 서왕모도西王母圖는 어떤 의미로 읽어야 할까? 벽화는 요지연도의 일종으로 볼 수 있다. 복잡한 연회 장면을 화면에 담기 어려웠던 화사는 복숭아를 들고 연회로 향하는 서왕모를 통해 곧 이루어질 성대한 잔치를 암시하는 방식을 택했다. 이러한 과감한 생략과 압축이 가능했던 이유는 당시 사람들이 서왕모와 복숭아만 보고도 충분히 그림이 뜻하는 바를 이해할 수 있었기 때문이다. 또한 복숭아는 『구운기』에서 보듯 여래에게 바칠 공양물이니 불전을 장식하는 공양도供養圖로서도 그만이었을 것이다. 그런데 놀랍

1923년에 제작된 대웅전 신중탱에는 독특하게도 익선관을 쓴 조선의 왕과 문관의 모습을 한 신장이 그려져 있다. 국권 회복의 염원을 은밀하게 불화에 담은 것으로 볼 수 있다.

게도 벽화가 지닌 의미는 여기서 끝이 아니다. 나무 부재로 인해 나누어진 두 개의 화면을 합쳐서 읽으면 지금까지의 서왕모도이지만, 오른편의 복숭아를 든 젊은 시녀만 떼어내서 보면 그 자체로 마고헌수도麻姑獻壽圖가 된다. 마고헌수도는 보통 젊고 아름다운 신선인 마고麻姑가 복숭아를 들고 서 있는 모습으로 그려지는데, 이 또한 젊음과 아름다움, 그리고 장수를 축원하는 그림이다. 그러니 모든 신선을 거느리는 서왕모와 시녀 역할로 등장한 신선 마고는 복숭아라는 상징 안에서 찰떡궁합의 조합이 된다. 벽화 하나를 그리더라도 가능한 인물을 다 활용해 최대한의 만족을 성취해내고야 마는 한국인 특유의 미감을 나는 이렇게 부르고 싶다. 가성비價性比의 미학.

 서왕모도는 모르는 이가 보면 흔한 천인도에 그치겠지만, 알고 보면 도석道釋*의 두 마리 토끼를 품고 축제의 설렘까지도 느낄 수 있는 그림이다. 아는 것의 즐거움이 만들어내는 사람의 무늬란 이런 것이 아니겠는가. 그런데 여래에게는 복숭아 세 개를 공양해야 하는데 하나는 대체 어디로 사라진 것일까? 투전승불! 너 이 자식.

* 도교와 불교.

공주 마곡사
하마선인도

우리는 모두 기독교인이다

　불교의 가르침은 분할이나 위계^{位階}로 내남을 가르는 일에 서툰 편이다. 이는 석가모니가 제자를 받아들인 소략한 방식이나 출신 계급을 따지지 않고 평등 교단을 지향한 것만 보아도 잘 나타난다. 불교사상의 전개도 마찬가지다. 인도 초기 불교부터 아비달마, 중관, 유식, 여래장, 중국 선불교에 이르기까지 어긋나고 상충하는 다양한 가르침들이 불교라는 이름으로 함께 전해져왔다. 그렇기에 불교적 사유는 차별과 배제를 원융^{圓融}과 화쟁^{和諍}으로 변화시킬 수 있는 '오래된 미래'로서 평가받아온 것이다.

 하지만 마곡사 대광보전에 그려진 벽화는 일반적으로 생각하는 불교의 포용력과 한계를 초월한다. 불교가 도교를 만나서 신앙이 된 경우는 명부전의 시왕十王이나 칠성각의 별자리에서 찾을 수 있지만, 어디까지나 지장보살과 치성광여래의 권속이라는 의미 안

에서 도교가 불교에 포섭된 것이다. 그러나 비로자나를 모신 마곡사 대광보전의 신선들은 날것 그대로의 모습이다. 철괴선생이나 하마선인 등 여섯 신선의 벽화가 불전에 떡하니 자리를 잡고 있는데, 누군가 도교 사원이냐고 물어보더라도 별달리 대꾸할 말을 찾기 어렵다. 그 중 가장 눈길을 잡아끄는 것은 불단 옆 세 신선들 가운데에 자리 잡은 하마선인이다. 남루한 옷을 걸치고 봉두난발을 한 맨발 사내가 장난기 가득한 눈빛으로 춤을 추듯 양팔을 벌린 채 줄에 꿴 엽전 꾸러미를 흔들며 두꺼비를 희롱하는 모습은 점잖은 모습으로 중생을 굽어보는 비로자나 불상과 극명한 대비를 이룬다.

하마선인은 두꺼비[蝦蟆]와 함께 그려지는 신선으로 이름은 유

마곡사 대광보전

해섬劉海蟾이다. 10세기 중국 오대五代 시절 북경에 살았던 실존인물이라고 전하나 그 진위를 판별하긴 어렵다. 하마선인은 명明나라 때부터 그 이름이 민간에 널리 퍼져 행운과 재물을 불러오는 길상화로 많이 그려졌는데, 조선시대 심사정이 그린 하마선인도蝦蟆仙人圖가 남아 있는 것으로 보아 우리나라에서도 꽤 인기가 높았음을 알 수 있다. 그도 그럴 것이 하마선인이 쥐고 있는 동전 꾸러미는 직접적으로 부富와 연결된 것처럼 보이고, 세 발 두꺼비는 재복을 부르는 영험한 동물로 알려졌으니 대중의 욕망과 맞아떨어진 그림이었던 것이다.

하지만 하마선인의 동전 꾸러미는 재복과는 큰 관련이 없다. 동전은 툭하면 사라져버리는 두꺼비를 꾀어내기 위한 것으로, 그 이면에는 불교와 도교의 치열한 싸움이 숨겨져 있다. 전하는 이야기에 따르면 하마선인이 우물가에 사는 석나한石羅漢이란 요괴와 싸워서 그가 지닌 일곱 닢의 동전과 보주를 회수하고 두꺼비로 만들어버렸다고 한다. '석나한'이란 이름에서 '석石'은 석가모니의 '석釋'과 중국어 발음상 [shi]로 동일하고, 나한은 깨달음을 성취한 아라한의 준말이니, 하마선인이 석나한과 싸워 이겼다고 함은 도교가 불교보다 우월함을 말하고자 하는 것이다. 이 이야기는 도교 측에서 꾸며낸 것이겠지만, 불전에 하마선인이 그려져 있다는 것은 현충원에 도요토미 히데요시豊臣秀吉의 동상을 세운 것과 다를 바가 없다. 그렇다면 불교의 순수성을 회복하기 위해선 당장이라

도 신선들을 지워버려야 하는 것일까? 만약 이 생각에 고개가 끄덕여진다면 마곡사의 하마선인도가 지닌 역사성, 더 나아가 불교의 진의를 간취하지 못하고 있는 셈이다.

다시 그림을 보자. 지팡이에 올라탄 이철괴와 가운데의 하마선인, 그리고 화양건을 쓴 서생풍의 신선은 별개로 보이지만 하나로 이어져 있다. 분할된 세 인물을 하나로 잇는 것은 벽화 아래쪽에서 흰 포말을 일으키며 그림들 사이를 넘나드는 바닷물이다. 벽화의 물결은 여덟 신선이 바다를 건너는 그림인 팔선과해도를 떠오르게 하는데 세 인물 모두 팔선에 버금가는 높은 도력을 지녔음을 알려준다. 나무 부재로 인해 분할된 화면을 넘어서고자 한 화사의 분투는 하마선인의 손과 펄럭이는 바짓단에서도 잘 나타난다. 그런데 대부분의 사찰에서 벽화로 그려지는 신선은 이철괴와 하마선인의 조합으로 마곡사처럼 세 명의 신선이 나란히 그려진 예는 매우 드물다. 이철괴와 하마선인이 함께 그려지는 이유는 원元나라 시절로 거슬러 올라간다. 원나라 초기 도교는 자신의 세력을 확장하기 위해 불상을 파괴하고 승려를 내쫓아 절을 도교 사원으로 바꾸거나 사전寺田을 약탈했다. 중국 역사에서 불교와 도교의 악연은 유래가 깊다. 중국 불교가 국가권력에 의해 탄압을 받은 4번의 사건을 삼무일종三武一宗의 폐불廢佛이라 부르는데, 그 중 도교와 엮여 일어난 사건이 세 번이다. 원나라 때 도교의 공격은 도리어 도사들이 머리를 깎고 승려가 되는 참담한 패배로 마무리되었고, 점차 도교의 인물화들은 선화禪畵의 영향을 받게 된다. 이때 유행한 인물화가 이철괴와 하마선인을 묶어서 그리는 철괴하마도인데, 실은 한산과 습득이란 불교적 인물에 상응하는 신선의 조합을 만들어낸 것이다. 이후 한산과 습득, 철괴와 하마를 휘몰

마곡사 대광보전 한산습득도

사선공수도

아치는 바닷물 위에 함께 그린 사선공수도四仙拱壽圖 같은 그림이 등장하는데, 네 명 모두 누더기를 걸친 천진한 모습으로 나타난다. 이런 정보를 바탕으로 우리는 마곡사 대광보전에도 한산과 습득을 그린 그림이 있으리라 추측해볼 수 있다. 아니나 다를까, 불단 맞은편 벽에 한산습득도가 자리 잡고 있다. 비록 위치는 떨어져 있지만 한산습득도와 철괴하마도는 한 세트로 보아야 하는 것이다. 다시 말해 이철괴와 하마선인의 그림을 불전에서 몰아내기 위해서는 한산습득도도 지워야 하고, 불교의 역사성 또한 폐기해야 함을 의미한다.

사육신의 한 사람인 성삼문, 또는 독립운동을 하다가 죽어간 안중근 의사, 사상운동과 민주화운동을 하다가 죽어간 수많은 사람들, 그들은 죽은 뒤 부활이나 천당에서의 영생과 같은 약속이 없었는데도 예수가 당한 것보다 훨씬 더 큰 고통과 고문을 견디면서 떳떳이 죽음 앞에 섰다. 불교인들에게는 예수의 죽음은 거의 아무런 감동도 주지 않는다. 감히 말한다면 오히려 평범하고 유치하게 보이기까지 한다.

위 글은 유럽에서 불교학을 공부한 1세대 한국 승려라고 부를 수 있는 한 원로 승려가 '종교 간의 대화'라는 세미나에서 발표한 글의 일부다. 글은 불교와 기독교의 종교 간 대화는 불가능하다는 것으로 결론을 맺는다. 오래전 글이긴 하지만 아직까지도 인터넷이나 불자들 사이를 떠돌며 기독교에 대항하기 위한 금과옥조로 신봉되고 있다. 자기 종교의 보호와 우월성을 드러내기 위해 이웃 종교에 대한 비하와 폭력적 언설을 내뱉는 일은 한반도에 기독교가 들어오면서 비로소 생겨난 폐단은 아니다. 정도전은 『불씨잡변』에서 석가모니와 승려들을 인간의 기본적 도리를 저버린 자, 구차하게 생계를 이어가는 자로 폄하했다. 도교는 『노자화호경老子化胡經』을 지어 노자가 석가모니로 다시 태어나 인도 사람들을 제도했다는 허구의 이야기를 만들어냈다. 노자가 인도인들을 교화한 이유는 놀랍게도 인도인은 개선의 여지가 없는 민족이라 남녀 모두를 승려로 만들어 대를 끊어버리기 위함이었다고 말한다. 이런 도발에 대해 불교가 늘 겸양의 수사로 방어만 한 것은 아니었다. 북주北周의 폐불 사건이 일어나기 직전인 긴박한 상황에서 견란甄鸞은 『소도론笑道論』을 지어 노자화호설에 다음과 같이 맞섰다.

신臣 견란은 아래와 같이 비웃습니다. (중략) 관세음은 지위가 매우 높은 대사大士이고, 노자는 대현大賢에도 미치지 못합니다.

해방 후 마곡사를 다시 찾은 김구

우리는 여기서 예수가 성인^{聖人}은커녕 의사^{義士}나 투사^{鬪士}에도 미치지 못하는 한낱 범부^{凡夫}라는 주장의 시원^{始原}을 발견할 수 있다. 만약 6세기에 살았던 견란이 환생해 마곡사 대광보전에 그려진 도교의 신선들을 본다면 어떤 표정을 지을까. 도교로 인해 수차례 아픔을 겪었던 중국 불교는 끝내 도교를 끌어안음으로써 종교를 넘어선 동아시아의 대표 문화로 자리매김했다. 불교의 너른 포용력이야말로 2500여 년간 진리의 등불이 끊어지지 않은 비결이었다. 일본 경찰에 쫓겨 오갈 데 없던 김구를 마곡사에서 승려로 받아준 것도 이런 포용력 덕분이다.

 그런데 오늘날 한국 불교는 기독교인이 극성이라는 이유로 엉뚱하게도 예수를 폄훼하고, 불교계의 비리를 보도한 언론에게는 '해종害宗언론'이란 딱지를 남발한다. '네가 날 죽이려 드니 나도 죽이겠다'라는 세간의 합리는 불교의 가르침도 아니고, 세상을 이끌 혜안도 아니다. '이것이 사라지면, 저것도 사라진다'는 철리야말로 석가모니가 깨우친 연기법의 핵심이다. 우리는 모두 불자이자, 유자儒子이고, 더불어 기독교인이어야 한다. 배타성의 좁은 우물에 갇혀 돈 꾸러미에 놀아나는 두꺼비로 남을 것인지, 아니면 인류와 더불어 살아가는 보살이 될 것인지 마곡사 하마선인도는 묻고 있는 것이다.

다섯째
장  구름을 뚫고 하늘로 오르니

고창 선운사
기우귀가도

옛날 소설을 읽으러 도서관에 갔다

오래전 프랑스 파리를 여행하다 노천카페에 앉아 있는 소설가 윤대녕을 만난 적이 있다. 그가 이상문학상을 받은 다음 해였다. 그는 수상 작품집 표지에 박힌 해쓱한 이상李箱의 사진과 쏙 빼닮아 있었다. 다가가 악수를 청하자 쑥스러운 듯 일어나 내 손을 받아주었다. 하얗고 부드럽고 가냘픈 손이었다. 막상 악수를 하고 나니 어색해져 나는 가던 길을 갔고, 그는 다시 동료 문인들과 이야기를 나누었다. 짧은 스침이었지만 내겐 기억할 만한 만남이었다. 당시 나는 문학을 동경하던 청년이었으니까. 그러나 이후의

　세월은 내 삶에서 그를 지워내기에 충분한 시간이었다.
　여름이 막 손톱을 드러낼 즈음 고창 선운사에 벽화를 보러갔다. 후텁지근한 공기가 휘감은 영산전에서 소 그림을 올려다보고 있자니 불현듯 오래된 소설 제목 하나가 망각의 늪 위로 떠올랐다. 윤대녕의 「소는 여관으로 들어온다 가끔」. 집으로 돌아와 소설집 『은어낚시통신』을 찾았지만 허사였다. 잦은 이사로 분실했는지, 누군가에게 빌려주었다가 돌려받지 못했는지조차 기억나지 않았다. 그 소설을 다시 읽게 된 것은 가을이었다. 학교도서관에는 그

책이 없었다. 소장 도서 다섯 권 가운데 한 권은 분실, 네 권은 모두 대출 중이었다. 예약 대기자까지 있는 것으로 보아 학부 수업 교재로 쓰는 모양이었다. 나는 그 소설이 처음 실린 『문예중앙』 1993년 가을호를 서가에서 찾아낸 뒤 선 채로 읽어나갔다.

십우도는 선을 닦아 마음을 수련하는 과정을 뜻하는 그림이에요. 불교에서는 사람의 진면목을 소에 비유해요. 십우는 심우尋牛, 즉 소를 찾아 나선다로 시작해요. 다음엔 견적見跡, 소의 자취를 보았다는 뜻예요. 견우見牛, 소를 보았다는 뜻이구요. 득우得牛, 소를 얻구요. 그 다음은 목우牧牛, 소를 길러요. 기우귀가騎牛歸家, 소를 타고 집으로 돌아와요…….

동백나무 숲이 울창한 선운사 풍경

{ 고창 선운사 기우귀가도 } 옛날 소설을 읽으러 도서관에 갔다

피리를 불며 흰 소를 타고 산에서 내려오는 그림이죠.

'금영'은 소설의 화자인 '나'에게 청평사 극락보전에 그려진 십우도를 설명해준다. 금영은 아비의 죽음 후 출가해 사미니계^{沙彌尼戒}를 받고 집에 들렀다가 양모^{養母}가 내지른 "이년아, 여기가 니 법당이야!"라는 한마디 말에 환속한다. 금영이 십우도와 소에 집착을 하는 덴 이유가 있다. 금영의 생모는 금영이 다섯 살 때 소양강에 투신했다. 어머니에 대해 묻는 금영에게 아비는 "네 에미는 소가 되어 물속으로 갔다. 그뿐이다! 더 이상 알려고 하지 말아라. 누구나 먼 것이 있어야만 산다"라고 말하며 죽는다. 이후 금영은 소의 흔적을 찾아 청평사 주변을 떠돈다. 십우도에 대한 금영의 나머지 설명은 이렇다.

그리고 다음 것은 망우존인^{忘牛存人}, 소를 잊고 자기만 존재해요. 인우구망^{人牛俱忘}, 자기와 소를 다 잊어요. 반본환원^{返本還源}, 본디 자리로 돌아가요. 입전수수^{入廛垂手}, 마침내 궁극의 광명 자리에 드는 거예요. 결국 십우도는 마음을 찾고 얻는 순서와 얻은 뒤에 회향^{回向}할 것을 말하고 있지요.

십우도^{十牛圖}*는 송나라 곽암^{廓庵}선사의 심우도^{尋牛圖}와 보명^{普明}선사의 목우도^{牧牛圖}가

* 흔히 곽암의 것은 십우도, 보명은 목우도라 부르고 있으나, 여기서는 그 특징을 부각하기 위해 곽암의 십우도를 '심우도', 보명의 십우도는 '목우도'라 쓴다.

유명하다. 선 수행 단계를 도해한 십우도는 북송과 남송 시대에 유행했고 오늘날 한국 사찰에서도 자주 그려지는 소재다. 소설에서 금영이 설명하는 십우도는 곽암의 심우도로 보명의 목우도와는 각 단계의 명칭과 그림이 다르다. 곽암의 심우도가 소 찾는 이의 입장에서 출발한다면, 보명의 목우도는 소(마음)의 상태에 중점을 둔다. 곽암의 '견우見牛', '득우得牛', '목우牧牛'에 해당하는 보명의 '수제受制, 차츰 길들여지다', '회수廻首, 머리를 돌리다', '순복馴伏, 복종하다'이라는 용어만 보아도 그렇다. 그림만 놓고 볼 때 곽암의 심우도는 '십우도'라 부르기엔 민망한 구석이 있다. 보명의 목우도는 첫 번째 '미목未牧'에서 여덟 번째 '상망相忘'에 이르기까지 소가 꾸준히 나오는 데 반해 곽암의 심우도 가운데 소가 등장하는 그림은 네 장면에 불과하기 때문이다. 그러나 첫 단계인 '심우尋牛'부터 여덟 번째 '인우구망人牛俱忘'까지 계속 반복되는 '우牛'라는 글자를 놓쳐선 안 된다. 우리는 여기서 '무신론無神論'이란 말이 왜 신을 완벽하게 부정할 수 없는지, '자아가 있는가'란 질문을 받은 붓다가 왜 '무아無我'라고 대답하는 대신 침묵을 택했는지 이해할 수 있다.

보명선사 목우도 중 무애

{ 고창 선운사 기우귀가도 } 옛날 소설을 읽으러 도서관에 갔다

선운사 소 그림은 영산전 동측면 출입문 위에 있다. 곽암의 심우도 가운데 여섯 번째 그림인 '기우귀가騎牛歸家'만 떼어내 독립된 작품으로 그려낸 것이다. 하지만 소의 몸통이 온통 흰색인 것은 목우도의 영향이다. 심우도의 기우귀가에 해당하는 목우도의 여섯 번째 단계는 '무애無碍'인데, 아이는 언덕에 앉아 피리를 불고 소는 언덕 아래에서 순하게 엎드려 있는 그림으로 꼬리 부분을 빼고는 몸통이 온통 흰빛을 띠고 있다. 목우도는 심우도와 달리 처음엔 온통 시커멓던 소가 수행과 더불어 조금씩 흰색으로 변하는데, 이로써 수행의 진척을 나타낸다.

아쉽게도 벽화 아래쪽엔 현판이 가로지르고 있어 그림 전체가 온전히 보이지 않지만, 현판 덕분에 벽화가 그려진 시기를 추정할 수 있다. 「선운사영산전성조시주록서禪雲寺靈山殿成造施主錄序」에는 영산전이 1821년에 보수공사를 했다는 기록이 있어 기우귀가도를 비롯한 내부의 다채로운 벽화들이 그 무렵 그려진 것임을 알 수 있다. 소를 탄 동자가 대금을 부는 모습은 얼핏 목가적 풍경으로 다가온다. 조선시대 화가들도 소를 탄 아이를 즐겨 그렸는데, 김시와 정선의 기우취적도騎牛吹笛圖에는 명리를 벗어난 목가적 이상향이 담겨 있다. 그러나 선운사 벽화는 이들의 그림과 결이 다르다. 높다란 뿔과 비쩍 마른 몸을 지닌 흰 소는 인도印度의 갠지스 강변에서나 마주칠 만한 생김새고, 아이의 부리부리하고 또렷한 눈매 또한 시골 목동과는 거리가 있다. 아이는 소 등에 비스듬히

걸터앉았는데 소와 비례가 맞지 않아서 소를 탔다기보다는 깔고 앉은 것처럼 보일 정도다. 아이가 손에 든 대금은 구멍의 위치나 개수가 실제 악기와는 다른데다 아이의 엉터리 운지법은 어떤 가락도 기대하기 어렵다.

사실주의 관점에서 볼 때 실패한 것이 분명한 이 그림은 신라 양지良志가 조각한 신장상(혹은 사천왕상)과 상당 부분 겹쳐 있다. 불법을 수호하는 신장神將과 선불교의 수행이 무슨 상관일까 싶겠지만, 선가禪家에서 쓰는 '활인검活人劍'이나 '심검당心劍堂'과 같은 말에서 무사의 이미지를 읽어내는 건 어렵지 않다. 악귀(생령좌)를 깔고 앉은 신장상과 벽화 속 소를 탄 아이의 자세는 흡사할 뿐만 아니라, 신장이 악귀(번뇌)를 굴복시킨 장면과 마음을 온전히 길들인 단계인 기우귀가는 의미적으로도 조응한다. 이런 맥락에서 그림을 보면 아이가 손에 쥔 대금은 번뇌의 뿌리까지 베어낸 취모리검吹毛利劍*처럼 보이기도 하고, 아이의 휘날리는 옷자락이나 엉성한 운지법은 자재무애自在無碍한 경지에 이르렀음을 말하는 것 같기도 하다.

* 무명(無明)과 번뇌를 베어내는 칼.

이뿐만 아니다. 아이의 목에 난 세 가닥 주름[三道]과 늘어진 귓불, 달처럼 원만한 얼굴, 넓고 반듯한 눈매, 길고 섬세한 손가락이 어떤 이의 특색인지 생각해보라. 아이는 32길상 80종호를 지닌 붓다의 모습을 담고 있는 것이다. 화사는 자칫 목가적 풍경화로 주저앉을 수 있는 그림을 선불교의 수행화로, 부처의 상호相好를 담은 불화로 건져 올리고 있다. 이 벽화와 근래 사찰 벽화로 빈번하게 그려지는 이발소풍 십우도와의 차이는 불교 이해의 깊이에서 비롯한다.

금요일에 청평사를 다녀올 참예요. 그런 담엔 어떻게든 살아볼 궁리를 해야겠죠……. 여태 소는 찾지 못했어요. 어디에도 소는 없었어요. 지금와선 그게 구원처럼 느껴지기도 하지만요. 아직도 내가 찾아야 할

통도사 영산전 청불주세도. 흰 소를 탄 붓다와 선운사 영산전의 동자는 다른 이가 아니다.

것이 있다는 게 말이죠.

소설에서 금영은 이렇게 말하고 사라진다. 실은 소라 해도 그르고, 마음이라 해도 맞지 않다. 금영은 영원히 소를 찾지 못할 것이다. 본래무일물本來無一物. 애초에 잃은 것이 없으니 찾을 것도 없다. 하지만 이런 말은 번뇌에 제 한 몸 가누지 못하는 이가 쉬이 뱉을 말은 아니다. 우리 삶이란 소설 속 금영처럼 도달하지 못할 것이란 두려움에 자꾸만 들러붙는 발을 쉼 없이 떼어내는 일에 다름 아니다. 이번 주말에는 청평사에 다녀오려 한다. 내가 찾는 소도 거기에 없으리란 걸 안다. 어떻게든 살아볼 궁리를 하러 간다.

청도 운문사
관음·달마도

타인의 발견

운문사 비로전 문고리를 잡아당기자 초가을 새벽 공기 같은 바람이 얼굴을 덮친다. 나는 텅 빈 법당으로 들어가 불상을 향해 삼배를 한 후 천천히 법당을 한 바퀴 돌아본다. 새로 정비된 사찰 진입로와는 다르게 법당은 별로 달라진 것이 없다. 서쪽 대들보에 묶어놓은 반야용선般若龍船 모양의 용가龍架도 그대로다. 반야용선 아래로 늘어뜨려진 줄에는 아이 하나가 대롱대롱 매달려 있다.

"반야용선에 매달린 저 아이는 누군가요?"

"저분은 '악착보살'이에요. 악착같이 줄을 꼭 붙잡고 극락으로

간다고 해서요."

 오래전 법당 청소를 하고 있던 승려와 나누었던 대화가 어제 일인 양 귓가에서 되살아난다. 과거 운문사를 찾은 것은 낯선 곳에 대한 충동적 열망 때문이었다. 무작정 청도행 열차를 끊었지만 막상 내리니 할 일이 없었고, 다시 버스로 한 시간을 넘게 달려 운문사에 도착했다. 그때 운문사의 전각을 빠짐없이 둘러봤지만 십수 년 세월을 이겨내고 기억 속에 남은 것은 승려들이 막걸리를 부어주던 처진 소나무와 비로전의 서늘한 아름다움, 그리고 악착보살이었다. 하지만 그때 빠트린 것이 있었다. 비로전 후불벽 뒷면에 그려진 한 점의 벽화, 관음과 달마가 나란히 그려진 전례가 없는 벽화를 만나기 위해 나는 다시 여기에 섰다.

5월의 신록과 어우러진 운문사 풍경

고아하고 장엄한 비로전 내부

대개 사찰의 후불벽 뒤쪽 공간은 좁다랗고 어두컴컴한 데다 잡다한 기물들까지 쌓여 있어서 일없이 들어서기엔 심리적 저항감이 만만치 않은 곳이다. 게다가 후불벽 뒷면 벽화는 고개를 젖혀서 보아야 하는 높이에 위치해 있어서 제 존재를 쉽게 드러내지도 않는다. 특히 세로 3미터에 가로는 5미터를 훌쩍 넘는 운문사 비로전 벽화는 좁은 공간과 부족한 빛 때문에 그림 전체를 한눈에 담을 수 없다. 벽화를 보기 위해선 어둠 속에서 이리저리 자리를 옮겨가면서 관음과 달마의 도상을 올려다본 후 전체 이미지를 머릿속에 짜 맞춰야 하는 육체적, 정신적 품이 든다.

17세기 중반에서 18세기 후반까지, 학자에 따라 조성 연대가 100년 가까이 차이가 나는 이 벽화의 독특함은 함께 그려질 수 없는 관음도와 달마도가 한 화면에 함께 등장한다는 데 있다. 벽 오른편의 관음도는 『화엄경』에서 선재동자가 보타락가산에 있는 관음보살을 순례하는 장면을 그린 것이고, 왼편의 달마도는 달마를 찾아온 혜가가 자신의 팔을 잘라 법을 구하는 장면을 담고 있다. 달마도의 경우 혜가 이외에도 암벽 산 사이로 숨기듯 그려놓은 두 명의 조사祖師와 호랑이, 사슴 같은 동물들이 등장해 기존의 달마도와는 다른 구성이다. 그림 속 두 조사는 명대明代 화보집인 『홍씨선불기종』에 그려진 도상과 비교해보면 정체가 드러나는데, 버드나무 가지가 꽂힌 화병을 앞에 둔 이가 중국 선맥禪脈 가운데 6조인 혜능이고, 사슴과 함께 있는 이는 인도 선맥 중 16조인 라후라다 존자이다. 이 달마도는 혜가단비도慧可斷臂圖와 조사들의 법맥을 담은 삽삼조사도卅三祖師圖, 그리고 산수화와 민화가 모두 합쳐진 생경한 그림인 것이다.

그런데 "온화하고 화려한 관음보살과 호방하고 대담한 달마대사를 조화롭게 그렸다"라는 문화재청의 설명과 달리 벽화 속 관음과 달마는 그다지 조화롭지 못하다. 달마는 왼쪽으로 틀어 앉았고, 관음은 선재동자 쪽을 인자하게 바라보는 여느 관음도와 달리 무심한 표정으로 정면만을 바라볼 뿐이다. 그림을 반으로 나누어 다룬 곳에 하나씩 배치하는 편이 나을 것 같은 이 이질적인 그림들

관음·달마도 부분, 관세음보살

을 간신히 이어주는 것은 배경이 되는 험준한 암벽과 바위다. 혹시 관음은 자비의 상징이고, 달마는 지혜를 가리키니 지혜와 자비의 원융함을 드러내기 위해 화사가 무리하게 붙여놓은 것일까? 그래서 관음과 달마는 부모의 잔소리를 이기지 못해 호텔 커피숍에 나와 선을 보는 남녀마냥 데면데면한 모습인 것일까. 그렇다면 화사는 예술적 형상화에는 실패한 것이 아닌가. 벽화를 보물 제1817호로 지정한 문화재청의 설명처럼 "17세기 후반에서 18세기 초반경의 불화 양식을 보여주는 자료로서 가치가 큰 것" 이외에는 예술품이 지니는 진리개시眞理開始의 미덕을 이 벽화에선 찾을 수 없는 것일까.

이쯤에서 벽화 속 어색한 동거에 대해 학계에선 무슨 이야기가 오갔는지 살펴보는 것도 흥미로울 것이다. 우선 선종이 융성했던 시대적 배경 때문에 당시 인기가 있던 선종화인 달마도를 관음도에 첨가했다는 주장이 있다. 다른 하나는 『벽암록』 등의 선서禪書에서 달마가 곧 관음의 화신임을 설명한 "달마는 관음대사이자 부처의 심인을 전하러 온 사람[此是觀音大士 傳佛心印]"이란 문장을 근거로 함께 그려두었다는 주장이다. 하지만 두 주장 모두 선종의 입장에 서서 관음·달마도를 해석한다는 점에서 다르지 않다. 벽화를 두고 "가지산문迦智山門의 전통을 잇는 선찰 운문사의 성격을 잘 대변해준다"라고 단언하고 있는 문화재청의 설명도 같은 맥락이다. 하지만 이는 간화선의 창시자인 대혜종고大慧宗杲가 『화엄경』

전체가 선종의 종지宗旨와 다르지 않다고 선언한 것과 같은 유아론唯我論적 독백일 따름이다.

관음·달마도를 이해하기 위해 떠난 도정에서 우리는 운문사 창건 연기緣起와 만나게 된다. 운문사 창건에 얽힌 역사는 두 가지 버전의 이야기가 내려온다. 고려 김척명이 지은 『원광법사전』과 이를 수록한 『해동고승전』에는 신라 원광법사가 운문사를 창건했다고 말한다. 그러나 1161년에 청도에서 편집된 『군중고적비보기』에는 중국에서 돌아온 보양선사寶壤禪師가 작갑사鵲岬寺를 개창했다가 이후 고려 태조가 사액賜額함으로써 운문사가 되었다고 기술되어 있다. 운문사

관음·달마도 부분, 달마

주지를 지낸 일연一然은 『삼국유사』에서 보양선사가 운문사의 창건주임을 재천명한다. 이와 같은 창건주 논란에는 원광으로 대표되는 교종과 보양이란 인물을 내세운 선종 사이의 보이지 않는 암투가 스며 있다. 사찰 창건주가 뭐 그리 대단한가라고 생각할 수도 있겠지만, 창건주가 지니는 상징성은 당시 선종 사찰로서 운문

사의 역사와 위상에 직결된 중차대한 문제였다.

그런데 이처럼 상반된 기록에 대해 후대의 운문사 승려들은 어떤 태도로 임했을까? 그들의 입장은 『조선사찰사료』에 실린 「운문사 사적」에서 찾아볼 수 있다. 이 기록에 따르면 운문사는 560년 이름 모를 한 승려가 도반들의 도움을 받아 창건하고, 590년에는 신라 원광법사가 중창하고, 937년에는 보양선사가 두 번째 중창한 것으로 나온다. 그들은 소위 "한 도승道僧"이라는 미지의 창건주를 세우고 원광이나 보양을 중창주로 끌어내림으로써 이들 모두를 자신의 역사로 품었다. 그래서 오늘날 운문사 경내에 작갑전鵲岬殿과 원광화랑연구소가 함께 공존할 수 있는 것이다. 어찌 보면 지나치게 편의적 태도처럼 보일 수도 있겠지만, 어느 편도 들지 않았기에 역설적으로 창건주 문제에 대한 논의가 아직도 살아남을 수 있었던 것이다.

나는 관음달마도에서 후대 운문사 승려들이 창건주에 대해 취했던 태도가 재현되고 있음을 본다. 관음과 달마가 불상이 모셔진 벽 뒤에 데면데면 그려진 이유는 화사가 이들을 정답게 엮을 만한 예술적 성취가 부족해서도 아니고, 선전禪典에서 말하듯 달마와 관음이 동일한 인물이어서도 아니다. 화사가 관음과 달마를 무심하게 병치해둔 것은 선과 교를 하나의 개념 아래에서 뭉뚱그리지 말고 있는 그대로 살려두라는 뜻일 것이다. 그림 속 관음과 달마는 상호 불가침 속에서 각자의 개성과 존재의 이유를 유지하고 있다.

다시 말해 이 벽화가 우리에게 전달하는 예술적 진실은 '불편함' 이다. '불편하다'는 것은 결국 내 뜻대로 안 되는 '타인他人'의 존재 를 상정한다. 여기서 타인은 단순히 나 이외의 사람을 말하는 것 이 아니라, 모든 것을 '나'라는 틀에 집어넣으려는 자기화의 욕망 이 멈추는 지점, 즉 세상은 나를 중심으로 돌아가야 한다는 생각 을 버리고 불편을 감수하는 순간 비로소 '발견'되는 존재라 할 수 있다. 그래서 지위와 돈으로 사람에게 갑질을 일삼는 이들에겐 진 정한 의미의 타인은 존재할 수 없는 것이다.

그림 속 관음은 달마에게, 달마는 관음에게 서로 뜻대로 되지 않는 타인으로 남아 있 다. 이 벽화 또한 우리에겐 하 나의 타인이다. 벽화는 기존 의 '선교일치'나 '통通불교' 같 은 뻔한 답으로 환원되기를 거부하고 있기 때문이다. 불 교가 무아無我를 말하면서도 '자타일시성불도自他一時成佛道' 나 '자리이타自利利他' 같은 말 을 여전히 붙들고 있는 이유 는 무엇일까? 타인을 발견하

관음·달마도 부분, 선재동자

지 못하는 이에겐 진정한 나의 모습도, 깨달음의 자리도 허락되지 않는다는 뜻일 것이다. 모든 일이 제 뜻대로 되기만을 바라며 타인을 열심히 지우고 있는 우리를 위해 축원하노니, '부디 세세생생世世生生 불편하게 살아갈지어다.'

양산 통도사
달마전법도

그런 달마는 없다

늦깎이로 불교철학을 공부하면서 깨달은 게 있다. 첫째는 공부는 젊을 때 해야 한다는 것, 두 번째는 공부를 하려면 돈이 있어야 한다는 것, 세 번째는 앞의 두 가지가 다 있더라도 학문적 재능이 없으면 소용이 없다는 것이다. 학문적 재능은 일반적으로 공부를 잘한다는 의미, 즉 출제자의 의도에 맞게 정답을 잘 찾아내는 능력과는 무관하다. 철학에 있어 학문적 능력이란 세상을 끊임없이 삐딱하게 바라보는 눈, 그러니까 주어진 텍스트와 세간의 상식을 매번 의심스런 눈초리로 대면하는 활발발^{活潑潑}한 정신을 의미한

다. 불교철학을 하는 데 학문적 결기가 중한 이유는 불심佛心과 학문 사이에서 갈등하다 호교론護教論으로 주저앉는 이들을 많이 보아왔기 때문이다.

불전에 기록된 모든 것이 진리라 믿는 입장에선 불교철학이란 말 자체가 불편할 수도 있다. 그들이 보기엔 경전이나 어록에 대한 지고지순한 신심信心이야말로 불교학의 요체인데, 그 텍스트에 대한 회의와 비판을 주된 업으로 삼는 철학이 끼어드는 것이 못마땅할 것이다. 불교계에서 불교'철학'이란 말보단 불교'교학'이란

{ 양산 통도사 달마전법도 } 그런 달마는 없다

용어를 선호하는 것도 이런 이유와 무관치 않다. 하지만 불교의 가르침을 믿는다는 자체가 비판적 시각으로 철학을 한다는 것이다. 자신과 세상이 실체로서 존재한다는 본능에 가까운 집착을 해체해버리는 사유야말로 불교의 출발점이니 말이다. 이러한 사유는 얄팍한 진영 논리에 휘둘리지 않는다. 2500년의 불교사상사란 결국 불교로써 불교를 비판한 제 살 깎아 먹기의 역사다. 긴 세월 동안 불교사상이 쉼 없이 발전해온 이유는 '불교란 무엇인가'라는 근원적 질문에 대해 의심과 긴장을 놓지 않았던 이들이 '불교는 이러한 것'이라고 정의 내린 기득권과의 싸움을 멈추지 않았기에 가능했던 것이었다.

　불교사상사를 수놓은 수다한 싸움들 가운데 가장 파격적이고 치열했던 싸움판을 꼽으라면 중국의 선불교를 가장 앞에 세울 수 있다. 물론 '제2의 붓다'나 '보살'이란 존칭을 부여받은 용수龍樹, Nagarjuna의 중관사상中觀思想도 만만치 않다. 용수의 저작을 읽다보면 광활한 전장을 혈혈단신으로 누비며 적을 닥치는 대로 베어나가는 무장의 칼춤이 보인다. 그러나 천하의 용수조차도 "모든 희론을 적멸하는 상서로운 연기를 가르쳐주신 붓다에게 예경합니다"라는 문구를 집어넣음으로써 자신의 귀의처가 붓다임을 밝힌 데 반해, 선불교의 선사들, 특히 남종선南宗禪 계열의 조사들은 불교의 교주부터 부정하는 파격을 보여준다. 그들은 붓다를 '똥 막대기'라 부르길 주저하지 않았고, 붓다의 말씀을 담은 경전은 '고름

통도사 대웅전. 대웅전은 사방으로 대웅전, 대방광전, 금강계단, 적멸보궁이란 각기 다른 편액을 달고 있다.

을 닦아낸 종이'라고 일축해버렸다. 영원한 고향인 붓다에게 되돌아갈 수 있는 다리를 끊어버림으로써 스스로를 백척간두에 세웠던 것이다. 영화 〈아저씨〉에 나오는 대사처럼 '오늘만 사는 놈'을 아무도 이길 순 없다. 오늘만 사는 놈, 그것이 선불교가 지닌 괴력이자 매력의 원천이다.

선불교의 도도한 강줄기를 거슬러 올라가다 보면 보리달마菩提達磨라는 발원지와 만나게 된다. 불자치고 그의 초상 하나 집에 걸어놓지 않은 이가 없으니 설명을 더하는 것은 덧없다. 정작 필요한 것은 달마에 관한 신화적 거품을 걷어내는 일일 것이다. 달마에 관한 수많은 기록 가운데 가장 이른 시기에 쓰인 『낙양가람기』에 따르면 달마는 6세기 무렵 남인도에서 중국으로 건너와 낙양에서 활동한 페르시아 출신의 승려이다. 그러니까 향지국 왕자 출신인 달마가 갈댓잎을 타고 바다를 건너 중국으로 왔고, 양무제를 만나고, 9년간 소림굴에서 면벽좌선을 하고, 소림무술을 창시하고, 죽은 후 부활해 신발 한 짝을 메고 본국으로 돌아갔다는 등의 이야기는 모두 후대에 가공된 것이다. 심지어 일본에는 달마가 일본으로 건너와 불교를 진흥한 쇼토쿠聖德 태자와 만났다는 기록도 있다. 그런데 달마에 대해 담담하게 기술한 『낙양가람기』에서 밝힌 달마의 나이는 150살이다. 이쯤 되면 달마가 실존 인물이었는지 의심이 들 정도다. 달마의 핵심 가르침이 담긴 『이입사행론』과 돈황본 어록들을 근거로 달마가 실존했다고 믿는 이들도 있지만, 달마의 어록들은 단지 이름을 가탁假託한 것이라 판단해 말을 아끼는 부류도 있다. 달마의 실존 여부보다 긴요한 것은 중국의 선불교가 달마라는 인물을 자종自宗의 초조初祖로 내세워 무엇을 전하려 했는지 파악하는 일일 것이다.

　그림을 보기 위해 통도사를 찾았을 땐 반월삼성교半月三星橋 주변의 연등이 환히 밝혀진 저녁 무렵이었다. 통도사의 저녁 풍경은 아름답다는 말로는 부족하다. 컴컴한 대웅전에 촛불이 켜지면 수없이 밟히고 닦여 반짝이는 나무 바닥은 흔들리는 촛불을 물결처럼 반사한다. 어둠 속에서 어렴풋이 보이는 승려가 나지막한 예불을 시작하면 진신사리탑을 향해 낸 작은 창으로 검푸른 빛이 쏟아져 들어온다. 이 빛은 산란한 마음을 하나로 모아 피안의 세계를 엿보게 한다. 통도사는 도량 곳곳이 한국의 모든 사찰이 흠모할 만한 전범典範으로서 품격과 아름다움을 갖추고 있다. 만약 평생 하나의 사찰만 갈 수 있다면, 나는 망설이지 않고 통도사를 선택할 것이다.

통도사 응진전 외벽에 그려진 달마도는 첫인상부터 강렬하다. 번잡한 구도 속에서도 한눈에 들어오는 것은 달마의 얼굴이다. 안광이 터져 나올 듯한 커다란 눈, 제멋대로 뻗친 호기로운 수염, 그리고 이역에서 온 승려임을 증명하듯 곱슬곱슬 말린 머리카락에 눈길이 빨려 들어가는 순간 그림 속 다른 풍경은 모조리 사라져버린다. 달마의 머리 위로 소나무 가지가 드리워져 있고 맞은편에 한 승려가 서 있다는 사실을 알아차리는 건 한참 뒤의 일이다. 달마 앞에 선 자그마한 승려를 찬찬히 살피다 보면 통도사 달마도가 품은 기묘한 역설과 마주치게 된다.

벽화로 그려지는 달마 관련 소재는 대개 세 가지인데, 혜가가 달마 앞에서 무릎을 꿇고 자신의 팔을 잘라 법을 구하는 혜가단비도慧可斷臂圖, 달마가 갈대를 꺾어 바다를 건너는 절로도해도折蘆渡海圖, 그리고 신발 한 짝을 꿴 지팡이를 어깨에 걸치고 걸어가는 척리서귀도隻履西歸圖이다. 이 가운데 두 명의 인물이 등장하는 그림은 혜가단비도다. 그런데 통도사 달마 벽화에서 혜가로 추정되는 이의

달마도 부분, 달마

팔은 멀쩡하다. 온전하다 못해 경전까지 양손에 쥐고 있다. 달마가 경전의 가르침을 중시하는 교학승들에게 독살당했다는 전승을 고려하면 달마 앞에 선 인물은 혜가가 아닌 달마와 대적하러 온 승려일 수도 있다. 그러나 달마가 앞으로 내밀고 있는 발우는 선가에서 사자상승師資相承*의 징표로 쓰이는 것이니 그가 달마의 법

• 스승이 제자에게 법을 전함.

달마도 부분, 혜가

맥을 이은 혜가임은 분명하다. 경전을 들고 선 혜가에게 달마가 혼을 내기는커녕 법을 전하는 이유는 무엇일까? 혹시 우리는 불교를 잘 모르는 이가 멋대로 그린 그림에 괜한 망상을 일으키고 있는 것은 아닐까?

통도사 달마도야말로 불교를 잘 아는 화사가 그린 벽화이다. 화사는 『속고승전』에서 달마가 혜가에게 자신의 선법禪法을 전하며 『능가경』을 넘겨주었다는 대목을 고스란히 그림으로 옮겨놓은 것이다. 우리가 알고 있는 선종에 비추어 보면, 중국 선종의 초조인 달마는 모든 교학을 폐기하고 불립문자의 기치를 드높인 이여야만 한다. 그런데 『속고승전』에서 달마는 『능가경』이야말로 부처님의 심인心印을 담고 있는 경전이라며 혜가에게 넘겨주었다. 대체 어떤 것이 달마의 진면목인가? 달마의 경전 전수는 단지 중생을 제도하기 위한 방편이었다고 말하는 논문도 있다. 그러니까 달

{ 양산 통도사 달마전법도 } 그런 달마는 없다

211

마의 본심은 '경전 따위는 필요없어'라는 것이다. 아마 그 논문을 쓴 이는 궁예의 관심법觀心法을 체득한 모양이다. 흥미로운 점은 달마에게만 이런 모습이 나타나는 게 아니라는 것이다. 중국 남종선의 실질적 시조라 할 수 있는 육조혜능이 스승인 오조홍인에게 인가認可의 징표로 받은 것이 『금강경』이다. 그뿐만이 아니다. 선사들의 말을 기록한 선어록을 펼쳐보면 곳곳에 대승경전의 구절이 등장한다. 그렇다면 우리는 그동안 선종에 대해서 피상적 이해에 머물고 있었다는 결론이 나온다. 물론 이러한 이해는 송宋과 원元을 거치며 확립된 후대 선종의 의도와 일치한다. 선종의 선법禪法도 하나로 묶을 수 없을 만큼 다양하게 발전해왔다. 달마의 벽관壁

응진전 외벽에 그려진 달마도

觀에서 시작해 조사선祖師禪과 묵조선默照禪, 그리고 현재 한국 승가의 주류 선법이 된 간화선看話禪에 이르기까지 그 내용도 천양지차다. 그래서 달마의 벽관壁觀이나 이입사행二入四行의 선법을 조사선(후대의 간화선은 말할 것도 없고)의 사상과 억지로 연결하려는 시도는 늘 애처로울 수밖에 없다.

그리고 남종선南宗禪에서 신봉해온 달마가 초조라는 법맥法脈 또한 사실에 근거를 둔 깨달음의 족보가 아니란 것도 알아둘 필요가 있다. 인도에서 부처님의 심법을 비밀리에 이어받아 중국에 전해주러 왔다는 달마라는 존재는 선종에 정통성을 부여하기 위한 하나의 상징이었었을 뿐이다. 남종선이 그토록 경멸했던 북종선北宗禪에서 먼저 초조로 삼은 달마를 자신들의 초조로 뺏어 온 일만 보아도 그렇다. 그들이 달마라는 거대한 상징자본을 놓고 쟁탈전을 벌였고 남종선이 역사의 승자가 되었을 뿐이다. 또한 달마 이전의 인도 내 법맥과 관련해선 여러 문헌에서 부처의 법을 이었다고 말하는 인물들이 각각 다르고, 또 남종선에서 확정한 33인의 조사도 이들 문헌과 상이하다는 점은 불교의 법맥 자체가 종파적 자의성과 우연성에 기반하고 있음을 잘 말해준다.

하지만 호교론적 입장에선 달마가 오늘날의 선종과 크게 관계가 없다는 것을 인정하는 게 쉬운 일이 아니다. 그들에겐 하나가 무너지면 전체가 다 무너진다는 두려움이 있다. 선종의 초조에서 달마가 이탈하는 순간 붓다의 법을 이어받은 삽삼卅三, 33조사라는 전등傳燈* 법맥 또한 거짓이 될 처지에 놓이게 되기 때문이다. 그래서 달마가 혜가에게 경전을 전수한 것은 진심이 아닌

* 중국 선종에서 전등은 스승과 제자 사이에 이루어지는 깨달음의 전수를 뜻한다.

임시적 방편이라는 근엄한 법문이 논문이라는 탈을 쓰고 오늘날에도 등장하게 되는 것이다.

   그러니 우리가 잘 안다고 생각하는 그런 달마는 없다. 모든 경전을 폐하는 선법을 전하고, 독약으로 죽었다가 다시 살아난 그런 달마는 없다. 그림을 걸어놓으면 복을 주고, 재앙을 소멸케 하는 그런 달마는 없다. '당신은 누구인가'라고 물으면 "모른다[不識]"라고 답하는 달마만 있을 뿐이다. 그것이 선종의 초조로서 달마가 지니는 유일한 의미일 것이다. 설령 선종의 거룩한 계보나 달마의 신이한 행적이 모두 꾸며낸 것이라 할지라도 실망하거나 선불교를 외면할 필요는 없다. 오히려 우리는 선불교의 가르침에 더욱 충실해야 한다. 선불교의 신화를 비판하는 이 글을 쓰도록 이끈 것이야말로 부처도 죽이고 조사도 죽이라는 선불교의 핵심 가르침이기 때문이다.

순천 선암사
가루라·긴나라도

추락하는 것에는
날개가 있다

잉게보르크 바흐만의 시 「놀이는 끝났다^{Das Spiel ist aus}」에는 다음과 같은 구절이 등장한다.

대추야자 씨에서 싹이 움트는 아름다운 시절!
추락하는 것들은 저마다 날개를 지녔네요.

'추락하는 것은 날개가 있다'란 말이 한국에서 회자한 것은 이 바흐만의 시구에서 빌려온 이문열의 동명^{同名} 소설이 베스트셀러

에 오르고 영화로 만들어진 덕분이다. 바흐만의 그림자가 어른거리는 또 다른 국내 문학으로는 최영미의 시집 『서른, 잔치는 끝났다』가 있다. 시대와 실존의 고통을 바탕으로 한다는 점에서 바흐만과의 연관성이 이문열보다 깊은데, 시집 제목에 바흐만의 소설 「삼십 세」와 시 「놀이는 끝났다」를 교묘히 배치해놓은 것만 보아도 그렇다.

바흐만의 시구가 하늘에서 뚝 떨어진 것은 아니다. 바흐만은 그리스 신화 가운데 밀랍 날개를 달고 태양 가까이 날아오르다 지중해로 떨어진 이카로스^{Icaros}에게서 영감을 얻었다. 그리고 그리스 신화를 거슬러 올라가면 이집트를 위시한 오리엔트 문명의 영향이 어른거린다. 이처럼 문화와 텍스트는 무시무종無始無終으로 서로를 모방하며 직물처럼 짜여나간다. 20세기 서구에서 유행한 '저자의 죽음'이나 '상호텍스트성' 같은 말이 이에 해당한다. 그러나 불교에서 이런 사유가 그리 새롭지 않은데, 의상이 『화엄일승법계도』의 마지막 부분에 '인연으로 생겨난 모든 것은 주인이 없다[緣生諸法無有主者故]'라고 쓰면서 저자를 일부로 밝히지 않은 것이 대표적인 예다.

사찰 벽화에도 그린 이의 이름이 없다. 불전에 모셔놓은 각종 탱화는 그림 아래쪽에 연화질緣化秩이라고 해서 화사와 시주자 등의 이름이 빼곡히 들어가 있지만 벽화는 그저 그림만 있다. 화사의 이름이 빠지게 된 이유가 '연성무주緣成無主'의 이치를 드러내려는 심오한 의도는 아니라 할지라도, 벽화만큼 문화적 상호텍스트성을 잘 체현하고 있는 불교미술도 드물다. 벽화는 불보살과 신선, 『삼국지』와 『서유기』, 산수화와 민화를 종교와 장르를 떠나 평등하게 녹여내는 문화적 용광인 것이다. 벽화의 잡스러운 특성은 화엄華嚴의 철학이 들판에 피어난 온갖 잡화雜華를 끌어들여 스스로를 장엄하는 전략과 다르지 않다.

보통의 근기들은 안과 밖, 나와 너, 성과 속을 살뜰히 나누고 챙기느라 스스로의 한계에 갇히고 말지만, 근기가 수승殊勝*한 이는 경계를 허묾으로써 모든 것을 나로 품는다. 대승

* 뛰어나다.

불교에서 유래해 일상에서 흔히 쓰이는 '대승적大乘的 차원'이라는 말도 이러한 뜻이다. 모든 것을 다 받아들이고 태우는 거대한 수레[大乘]가 가능한 이유는 세상에 나[我]와 나의 것[我所]이라 할 만한 것이 없다는 철저한 각성을 바탕으로 한다. 그러니 관세음보살이 힌두 신인 시바나 비슈누와 겹쳐진대도, 대승 경전에 등장하는 팔부신중八部神衆이 『리그베다』나 『마하바라타』에 기원한 인도신화 속 존재라 해도 눈을 동그랗게 뜰 필요는 없다. 힌두교도들이 석가모니를 비슈누의 아홉 번째 화신으로 모신다 해도 마찬가지다.

연緣으로 생겨난 모든 것엔 본디 주인이 없는 법이다.

그러나 연으로 생겨났으되 주인을 가리느라 시끄러운 곳에 우리가 만날 벽화가 있다. 태고종 총본산인 순천 선암사다. 태고종과 조계종은 선암사 소유권에

선암사 일주문

관한 문제로 60여 년간 분쟁을 이어왔고, 지금도 진행 중이다. 선암사가 어느 종단으로 귀속되는가에 별 관심이 없지만, 선암사가

최근 유네스코 세계문화유산에 등재되었다는 낭보에 한마디 덧붙이자면, 문화재 보존과 수리에 국민 세금을 쓰고 있으면서도 문화재를 단지 개인의 소유물 정도로 여기는 대찰들의 편협성과 권위주의적 행태를 선암사는 답습하지 않기를 바랄 따름이다.

선암사 원통전 안 오른편 창방에는 어른 손보다 약간 크게 그려진 신중도神衆圖가 있다. 한 신중은 새 머리에 사람의 몸을 지녔고, 다른 신중은 몸은 새인데 머리는 사람의 얼굴을 하고 있다. 화사

원통전 안 오른편 창방에 그려진 신중도

는 이 기묘한 그림을 사람들이 알아차리지 못할까봐 '迦樓羅^{가루라}', '緊那羅^{긴나라}'라는 화제까지 친절하게 써놓았다. 이들은 경전에 등장하는 천룡팔부^{天龍八部}, 혹은 팔부신중^{八部神衆} 가운데 두 존재이다. 팔부신중은 천신^{天神}, 용, 야차, 건달바, 아수라, 가루라, 긴나라, 마후라가로 불법^{佛法}을 찬탄하고 보호하는 역할을 맡는다. 앞서 말했듯이 이들 대부분은 인도신화에 기원을 두고 있지만, 불교 신행^{信行}에서 차지하는 중요성은 결코 작지 않다. 80권 『화엄경』을 압축한 게송인 「화엄경 약찬게」에서 가루라, 긴나라를 포함한 39류^類의 신중을 화엄성중^{華嚴聖衆}으로서 일일이 호명하고 있다든지, 전국의 사찰에서 매달 신중기도를 빠트리지 않고 행하는 것을 보면 한국 불교와 신중신앙은 긴밀하다 못해 끈끈할 지경이다. 사실 열렬한 신중신앙의 배경에는 『화엄경』이 있다. 『화엄경』에 등장하는 신장들은 보살로서 중생을 인도하는 존재이기 때문이다. 그런데 선암사 원통전의 그림은 불전의 신중탱에 묘사된 신중의 모습과는 조금 다르다. 신중탱 속 팔부신장^{八部神將}은 번쩍이는 무기와 갑옷을 갖춰 입고 근엄한 표정으로 보는 이를 두렵게 하는 반면, 여기 두 신장은 아이의 낙서마냥 허술하고 정겹다. 19세기 무렵 그려진 것으로 추정되는 이 그림은 그 천진함으로 인해 상상력의 시원^{始原}을 끊임없이 자극한다.

　원래 가루라(가루다)는 인도신화에서 비슈누가 타고 다니는 새로 깃털이 태양처럼 밝아 금시조^{金翅鳥}라고도 불린다. 가루라는 용을 잡아먹는 존재인데 인도신화 속 용(뱀)과의 악연을 여기서 상술하진 않을 것이다. 나는 이문열의 중편소설 『금시조』를 통해 가루라를 처음 알게 되었는데 소설 속 금시조는 예술은 개인의 재능과 기교를 뽐내는 도구의 차원을 벗어날 때 비로소 발현되는 불멸성을 상징한다. 즉, 연으로 이루어진 예술은 자기부정을 통해 역사의 피육皮肉이 되는 것을 주저하지 않을 때 역설적으로 도저한 예술성을 갖추게 된다는 뜻이다.

긴나라는 노래와 연주로 부처의 설법을 찬탄하는 신장이다. 긴나라는 반인반마半人半馬나 반인반조半人半鳥의 모습으로 나타나거나,

가루라·긴나라도 부분, 긴나라

머리에 뿔이 돋은 모습으로 그려지기도 한다. 원통전의 긴나라는 평창 동계올림픽 개막식의 주인공이었던 인면조人面鳥와 근원을 함께한다. 고구려 무용총 벽화에는 인면조의 형상이 여럿 등장하는데 누구는 도교의 서물瑞物이라고 하고 누군가는 불교의 가릉빈가(극락조)라고 설명하지만, 나는 그것이 긴나라이거나 『오디세이아』에 나오는 세이렌Seiren이라 말할 것이다. 긴나라는 비슷한 형상이라고 해도 세이렌이 인면조와 무슨 관계인지 의아할 것이다. 아름다운 노랫소리로 뱃사람을 유혹하는 세이렌은 인어의 형상으로 알려져 있지만 원래는 인면조의 모습을 한 님프Nymph이다. 다시 말해 인면조란 특정 종교나 문명의 전유물이라 할 수 없는 고대문화의 상호텍스트성을 상징하는 아이콘인 것이다.

고구려 벽화 속 인면조

그런데 화사는 왜 팔부신중 가운데 가루라와 긴나라만 붙여서 원통전에 그려놓은 것일까. 일곱 자씩 끊어 읽는 「화엄경 약찬게」

에서 '가루라왕긴나라'라고 붙여놓았기에 함께 그린 것일까. 그럴 개연성이 없지 않다. 하지만 화사가 왜 이 두 신장만을 택해서 그렸는지는 설명되지 않는다. 우리는 가루라와 긴나라가 지닌 공통점을 찾아야 한다. 『화엄경』에서 가루라는 큰 방편方便의 힘으로 선근善根이 익은 중생을 인도하여 열반과 법의 언덕으로 신속하게 안치하는 보살이고, 긴나라는 음악과 노래로 중생을 법열로 이끄는 보살이다. 그러나 다른 신중들도 방편으로 중생을 깨달음으로 인도하기는 마찬가지다.

그렇다면 가루라와 긴나라가 다른 신중들과 다른 점은 무엇일까? 팔부신중 가운데 날개를 지닌 모습으로 묘사된 신중은 이 둘밖에 없다. 그림 속 가루라는 매의 두상에 망토처럼 거대한 날개를 지녔고, 긴나라는 부드러운 얼굴에 걸맞은 앙증맞은 날개를 달고 있다. 날개란 무엇인가? 날개는 희구의 대상이나, 결코 지닐 수 없는 인간의 숙명을 반조反照하게 만드는 양가적 존재다. 날개는 인간의 한계로부터 해방이나 역사로부터 초월을 상징하지만 실제로 그 날개를 소유하는 순간부터 비극이 시작된다. 이카로스의 날개나 애기장수 겨드랑이에 돋은 날개가 그렇다. 무릇 추락하는 것은 날개가 있는 법이다.

화사는 벽화 속 두 신장을 통해 초월의 욕망과 역사의 금기 사이에서 이율배반적으로 살아갈 수밖에 없는 중생의 뒤틀린 숙명을 무심하게 말하려 했는지도 모른다. 그것도 천진난만한 필치로

선암사 원통전에서 기도를 올려 태어난 순조는 즉위 후 친필로 쓴 대복전이란 편액을 내렸다. 대복전은 '큰 복을 낳는 밭'이란 뜻으로 발원의 씨앗과 선근을 심으면 원하는바 결실을 얻는다는 의미를 담고 있다.

말이다. 이 미묘한 그림 앞에서 심사가 복잡해질 때쯤 고개를 돌리면 온화한 미소로 맞아주는 존재가 있다. 원통전 중앙에 모셔진 관세음보살상이다. 그것이 어떤 의미를 지니는지 굳이 설명을 보탤 필요는 없을 것이다.

나는 원통전의 자그마한 그림 앞에 설 때마다 헤밍웨이의 유명한 말이 떠오른다.

"큰 감동은 큰 단어에서 나오는 것이 아니다."

동시에 헤밍웨이가 이 말을 할 수밖에 없도록 만든 윌리엄 포크너란 작가도 떠오른다. 포크너는 "헤밍웨이의 독자들은 사전을 펼칠 일이 없다"라며 헤밍웨이의 작품을 비웃곤 했다. 포크너를 현학과 오만에 찌든 작가로 비난하기 전에 그가 말한 '사전'이 의미하는 바를 곱씹어볼 필요가 있다. 만약 '사전'이 인류가 쌓아온 유구한 문학적 전통과 언어의 역사를 상징한다면 어떻게 되는 것일까. 포크너는 헤밍웨이보다 5년 앞서 노벨문학상을 받는다. 그의 소설 제목인 『소리와 분노』는 『맥베스』의 한 구절인 "인생이란 바보가 들려주는 아무런 의미도 없는 소리와 분노로 가득 찬 이야기"에서 따온 것이었다. 연으로 이루어진 모든 것엔 진실로 주인이 없는 법이다.

여섯째 장

마침내 용이 되어 구슬을 얻다

안성 청룡사
반야용선도

네 운명에 침을 뱉어라

눈송이를 떨구는 안성으로 들어서자 눈에 들어오는 것은 군데 군데 팬 아스팔트 길과 포도나무 밭이었다. 260여 년 전 이중환이 『택리지』에서 안성을 두고 "경기도와 호남 바닷가 사이에 위치하여 화물이 쌓이고, 공장工匠과 장사꾼이 모여들어 한양 남쪽의 큰 도회지가 되었다"라고 쓴 것이 무색한 풍경이었다. 조선시대 안성은 호남로와 영남로가 만나는 접점이자 삼남三南의 각종 물산이 모여들던 곳으로, 유기그릇과 꽃신이 유명해 '안성맞춤'이란 말이 여기서 나왔다. 박지원의 『허생전』에서 남산골 딸깍발이 허생이

제수용 과일들을 매점매석해서 열 배의 이윤을 남기는 무대가 안성인 것만 보아도 당시 상업도시로서의 위상을 짐작하긴 어렵지 않다. 하지만 오늘날 안성은 여느 지방 중소도시와 다르지 않게 쇠락해버렸다. 안성이 시대의 흐름을 따라잡지 못하고 주춤거렸던 것은 경부고속도로가 이곳을 비켜 났기 때문만은 아니다. 안성이 과거의 영화를 잇지 못한 것은 근대 산업사회로 쉽게 편입될 수 없는 전통기술을 기반으로 성장한 도시였기 때문이다. 장인들과 안성평야가 그랬고, 남사당이 그랬다.

남사당패는 농경사회를 기반으로 마을과 장터를 떠돌며 춤과 노래, 기예를 펼쳤던 유랑 연희 집단이었다. 안성 남사당패는 전국적으로 명성이 높아 흥선대원군이 경복궁을 중건할 때 동원한 백성들을 위로하기 위해 그들을 불러 공연케 하고 옥관자*를

* 망건을 졸라매는 끈을 걸 수 있게 만든 고리.

하사했다는 이야기가 전한다. 당시 청룡사 남사당패를 이끌던 꼭
두쇠 김암덕金岩德은 채 스물이 되지 않은 여성이었다. 김암덕은 바
우덕이라 불렸는데 그녀의 가무와 줄타기가 보는 이의 마음을 얼
마나 흔들었던지 다음과 같은 노래도 전해 내려온다.

안성 청룡 바우덕이
소고만 들어도 돈 나온다
안성 청룡 바우덕이
치마만 들어도 돈 나온다
안성 청룡 바우덕이
줄 위에 오르니 돈 쏟아진다
안성 청룡 바우덕이
바람을 날리며 떠나가네

가사에 반복되는 '안성 청룡 바우덕이'라는 말뭉치처럼 안성의
남사당패와 청룡사는 떼려야 뗄 수 없는 관계였다. 남사당과 청룡
사의 관계를 알기 위해선 청룡사의 벽화를 만나야 한다.

청룡사는 공양왕의 진영眞影을 모셨다는 『조선왕조실록』의 기사
나, 인조의 아들 인평대군이 원찰願刹로 삼았다는 「청룡사중수사
적비」의 기록으로 볼 때 대찰이었음이 분명하지만, 오늘날 청룡
사는 안성이 그러하듯 조용하고 쇠락한 절집이다. 일주문도 아니

고, 천왕문도 아닌 '서운산 청룡사'란 편액이 달린 문간채만 지나면 늙수그레한 대웅전이 곧장 모습을 드러낸다. 대웅전의 빛바랜 기와와 단청에서 배어나는 아취와 품격이 예사롭지 않다. 대웅전의 진면목은 측면에서 볼 때 잘 드러나는데, 나무의 모양을 그대로 살린 기둥이 뿜어내는 파격과 박진감은 보는 이들의 탄성을 자아낸다.

청룡사의 반야용선도般若龍船圖는 대웅전 내부 왼편 내목도리 윗벽에 그려져 있다. 제작 시기는 19세기 후반으로 추정되는데, 뱃

반야용선도 부분, 극락삼존

전에 부딪히는 포말을 구름 문양으로 표현하는 섬세함이나 물살을 헤치고 나아가는 용의 몸통에 흐르는 긴장과 탄력만 보아도 예사 공력으로 조성된 벽화가 아님을 알 수 있다. 반야용선도는 극락으로 향하는 왕생자들이 용 모양의 배, 혹은 배를 등에 인 용을 타고 바다를 건너는 그림을 이르는 말이다. 반야용선도의 모습은 조선 후기에 유행했던 불교가사를 통해 엿볼 수 있다.

반야용선 내어보내 염불중생 접인할제
팔보살이 호위하고 인로보살 노를저며
제천음악 가진풍류 천동천녀 춤을추며
오색광명 어린곳에 생사대해 건너가서
___「왕생가」 부분

반야용선 한가온데 아미타불 관음세지
압임물른 인노왕보살 접인중생 하옵시고
뒨임물른 지장보살 교화중생 하옵시고
___「용선가」 부분

고려 말부터 그려진 반야용선도는 조선 후기에 이르면 「용선가」의 가사처럼 선수^{船首}, 중앙, 선미^{船尾} 세 부분으로 정형화가 이루어진다. 뱃머리에는 삿대를 든 인로왕보살이, 가운데에는 극락삼존으로 불리는 아미타불, 관음보살, 대세지보살이, 뱃고물에는 중생을 교화하는 지장보살이 배치된다. 나머지 공간은 승객인 승려와 재가불자, 그리고 극락으로 향하는 즐거운 분위기를 고조시키는 천동, 천녀 등의 풍악대로 채워진다. 하지만 청룡사 반야용선도에는 가운데에 극락삼존만 있을 뿐 인로왕보살이나 대세지보살은 보이지 않는다.

두 보살이 있어야 할 자리에는 노를 쥔 남녀가 등장하는데, 다른 용선도에서는 찾을 수 없는 모습이다. 배 앞부분에 타고 있는 이들도 여느 용선도의 승선자와는 다르다. 뱃머리에서 힘차게 노

반야용선도 부분, 선수(船首)의 승선자들

를 젓는 여인 뒤로 주황색 모자와 염주를 목에 건 무리가 뭉쳐 앉아 있는데 대부분 합장한 채 아미타부처를 보고 있지만 사내 둘은 뱃머리 쪽으로 몸을 틀어 앉았다. 돌아앉은 사내들 중 한 명은 벅구(소고)를 머리 위로 들었고, 접은 부채를 얼굴 가까이 댄 사내는 금방이라도 사설 한 자락을 뽑아낼 기세다.

뱃머리에 선 여인과 승선자들은 누구일까? 벽화 속 왕생자에 대한 연구는 아직 없지만, 여기서 정체를 밝히지 못할 것도 없다. 벽화보다 200여 년 앞선 1674년에 그려진 청룡사 감로탱*에

* 무주고혼(無主孤魂)을 위로하는 수륙재나 조상 천도를 위한 우란분재(盂蘭盆齋) 등에 쓰이던 의식용 불화.

반야용선도 부분. 선미(船尾)의 승선자들

{ 안성 청룡사 반야용선도 } 네 운명에 침을 뱉어라   235

그 실마리가 남아 있기 때문이다. 청룡사 감로탱에는 두 부류의 연희 집단이 묘사되어 있는데 바로 굿중패*와 사당패**이다. 감로탱 오른편에는 승려를 뒤따르는 일곱 명의 굿중패가 등장한다. 맨 앞에 선 사내는 감투를 쓰고 염주를 높이 받쳐 들었고, 두 번째 사내는 부채를 쥐고 춤을 추

* 사찰과 관련된 신표(信標)를 지니고 염불과 가무 등의 연희를 통해 불사금을 모았던 집단.
** 사당패도 절과 관련을 맺은 연희 집단으로 남자인 거사와 여자인 사당으로 구성되며 불사금을 모았다. 후대로 갈수록 예인 집단의 합종연횡으로 인해 사당패와 굿중패, 남사당을 명확히 분리하기 어렵다.

며, 세 번째 사내는 벅구로 장단을 넣고 있다. 그 사내들 뒤로 주황색 모자를 쓴 네 여인이 합장한 채 기러기처럼 줄지어 따르고 있다. 감로탱의 굿중패와 벽화의 뱃머리 쪽 승선자들을 비교해 보면 그 유사함에 놀라게 된다. 또 감로탱 왼편에는 사당패가 앉아서 장구 가락에 춤을 추고 땅재주까지 부리며 놀고 있는데, 사당이라 불리는 재인의 머리 장식이나 복색이 벽화 속 뱃머리에서 삿대를 잡은 여인과 똑같다. 그러니까 벽화의 뱃머리 쪽 승선자들은 모두 청룡사 감로탱에 등장하는 연희 패거리인 것이다. 지금은 별도로 보관 중인 청룡사 감로탱 벽화가 그려진 당시에는 법당에 걸려 있었으니 화사가 이를 참조하며 벽화 속 인물을 그린 것은 자연스러운 일이었을 것이다. 또 벽화가 그려진 시기를 감안해 보면 인로왕보살을 대신해 뱃머리에서 삿대를 잡고 있는 여인은 청룡사 남사당을 이끌었던 전설의 바우덕이일 가능성이 높다.

그런데 화사는 왜 부유한 시주자가 아닌 가난하고 천한 재인을

극락행 반야용선에 태웠던 것일까? 민초들의 연대의식 같은 뭉클한 스토리를 상상하기에 앞서 알아야 할 것은 남사당패가 청룡사 불사佛事의 주요 공로자였다는 사실이다. 청룡사 감로탱의 시주자 이름에는 '박동질이'라는 재인이 올라 있고, 같은 해 제작된 청룡사 동종의 시주자 가운데도 '정어질산'이란 재인이 등장한다. 1720년에 세워진 청룡사중수사적비 또한 '사당'과 '거사'를 이름 앞에 붙인 시주자가 다수 보인다. 이런 기록에 비추어 보면 청룡사에 불사가 있을 때마다 청룡사 사당패들이 전국을 떠돌며 시주금을 모아 주었음을 알 수 있다. 사당패가 청룡사 불사에 앞장선 이유는 청룡사가 주변에 이들이 살아갈 터를 제공했고, 일이 없는 겨울엔 절집의 불목하니로 쓰면서 유대를 쌓아왔기 때문이다. 반야용선도에 바우덕이를 비롯한 남사당패가 그려진 것은 이 벽화의 불사금도 그들이 마련했기에 가능했을 것이다. 시주자의 이름을 기록하는 탱화와 달리 화사의 이름조차 허용하지 않는 벽화에서 그들의 노고를 위로하려면 극락행 배에 태우는 것보다 더 나은 방법이 있었을까. 청룡사 벽화는 여느 용선도와는 달리 남사당패가 벽화의 시주자임을 드러내는 동시에 청룡사와 재인들이 맺어온 끈끈한 역사를 전하는 기록화의 의미도 지니고 있는 것이다.

청룡사를 나오자마자 바우덕이를 모신 사당으로 발걸음을 옮긴다. 사당 앞마당에는 미묘한 표정을 짓고 있는 바우덕이 동상이 있다. 그 얼굴을 아무리 들여다본들 다섯 살에 사당패에 들어가 장바닥을 떠돌다 끝내 요절한 그녀의 신산한 삶을 다 헤아릴 순 없을 것이다. 안성 땅과 청룡사에 스며 있는 민중의 삶도 그렇다. 누군가는 대보살이 있어야 할 자리에 바우덕이를 세운 청룡사 벽화를 두고 역사의 비약이라고 부를지도 모르겠다. 그러나 그것은 스스로의 운명에 침을 뱉으며 춤추고 노래해온 이들이 제 힘으로 성취한 정당한 자리였을 따름이다. 역사에 비약이 없다는 말은 옳다. 만약 비약이 있다면 그것은 우리가 아직 알지 못하는 역사에 붙은 이름일 것이다.

바우덕이 동상

수원 용주사
이교취리도

스승은 없다

붉은 옷을 입은 사내는 공손히 꿇어앉아 붉은 신발을 받쳐 들고 있고, 파초선을 허리춤에 찬 신선풍의 노인은 긴 지팡이에 몸을 기대고 오른쪽 발을 앞으로 쑥 내밀고 있다. 노인의 얼굴 부분이 떨어져나가 표정을 읽을 수 없지만 덕분에 그림은 더 신비로워진다. 저 노인은 누구인가? 노인의 오른편에는 다행히 '이교황석공 圯橋黃石公'이란 화제畵題가 희미하게 남아 있다. 흙다리 위의 황석공이란 뜻이다. 그러나 이 벽화의 주인공은 황석공이 아니다. 그림의 근거가 되는 『사기』「유후세가」를 보면 신발을 받쳐 든 장량張

良이 그림의 주인공임을 알 수 있다.

장량은 한漢나라를 건국한 유방의 책사策士이자 개국공신으로 본디 한韓의 재상을 지낸 집안의 자제다. 진시황에 의해 나라가 멸망하고 부친이 사망하자 장량은 자객을 구해 진시황을 암살하려 했으나 실패하고, 성과 이름을 바꾼 뒤 하비下邳로 가서 숨어 살았다. 어느 날 장량이 하비의 흙다리 위를 거닐고 있었는데, 거친 베옷을 입은 노인이 앞으로 걸어와 신발을 다리 아래로 떨어뜨리고선 "여보게, 내려가 신발을 주워 오게나" 하고 말하는 것이 아닌가.

장량은 화가 났지만 노인의 부탁이라 어쩔 수 없이 다리 아래로 내려가 신발을 주워 온다. 신발을 내밀자 노인은 "내게 신발을 신기게"라며 장량의 화를 돋운다. 장량은 화를 누르며 노인에게 신발을 신긴다. 노인은 신을 신고는 "가르칠 만한 젊은이군. 닷새 뒤 여기서 다시 만나세"라는 말을 남기고 떠난다. 닷새 뒤 장량이 이교에 갔을 때 노인은 이미 그곳에 도착해 기다리고 있었다. 노인은 장량이 늦었다고 화를 내면서 닷새 뒤 아침에 다시 만나자고 말한다. 장량은 닷새 뒤 새벽부터 약속 장소로 갔지만, 또다시 먼저 와 있던 노인은 닷새 뒤에는 더 일찍 만나자고 말하며 사라진다. 장량은 닷새 뒤 한밤이 되기 전부터 노인을 기다린다. 잠시 후 노인이 도착해 『태공병법서太公兵法書』를 장량에게 건네주며 "이 책을 읽으면 왕의 스승이 될 것인데, 10년을 공부해야 홍할 것이다. 13년 후에 제수濟水 북쪽 곡성산穀城山 아래에서 누런 돌을 보거든 나인 것을 알아라" 말하면서 사라진다.

위 이야기에서 가장 중요한 대목은 어디일까? 장량이 『태공병법서』를 손에 넣는 장면이라 생각할 수도 있다. 그래서 조선시대 진경산수로 일가를 이룬 겸재 정선은 황석공이 장량에게 병법서를 전하는 장면을 '야수소서夜授素書'*라는 화제로 그려냈다. 겸재의 야수소서에는 비급 전수의 결정적 순간이 담겨 있지만, 이상하리만치 매가리가 없다. 야수소서가 헛헛증을 불러일으키는

* 한밤에 『태공병법서』를 전하다.

수원 용주사 홍살문. 용주사는 정조가 사도세자의 명복을 빌기 위해 세운 능찰로 김홍도가 전체 공사를 지휘했다. 용주사는 홍살문이나 궁궐과 유사한 담벽 구조에서 알 수 있듯 유교적 냄새가 강한 사찰이다.

정선, 야수소서

까닭은 장량 일화의 핵심을 담아내지 못했기 때문이다. 겸재의 그림에서 두 인물 사이를 잇고 있는 것은 『태공병법서』이다. 다시 말해 비법의 전수를 노골적으로 드러냄으로 인해 스승과 제자 사이에 있어야 할 '만남'이 사라져버린 것이다.

스승과 제자의 만남은 지식이나 기술의 전수를 통해 기존의 것을 강화하거나 새로운 것을 더하는 행위가 아니다. 오히려 쌓아온 것들이 일시에 무너져 내리는 경험이자, 늘 밟아온 익숙한 길이 한 발자국도 떼기 힘든 미로로 변하는 기이한 사건이다. 이러한 만남이어야지만 배움의 길이 열리는 법이다.

수원 용주사 대웅전의 이교취리도圯橋取履圖는 황석공과의 만남을 통해 장량이 다시 태어나는 모습을 담고 있다. 스승인 황석공을 표현한 화사의 필선은 경쾌하고 역동적이다. 한줄기 바람을 타고 온 듯 물결치는 옷의 주름과 땅에 꽂자마자 꽃을 피울 것만 같은 울근불근한 지팡이, 그리고 신발 속으로 빨려들 준비를 마친 맨발의 날렵한 긴장감은 황석공이 지닌 생명력을 드러낸다. 이와 달리 장량의 모습은 땅에 들러붙은 듯 무거워 보인다. 스승과 제자 사이에 흐르는 동動과 정靜의 팽팽한 대립적 구도는 마치 시스티나 성당 천장화 가운데 바람을 몰고 나타난 신이 손가락을 뻗어 축 늘어진 아담에게 생명을 불어넣는 '아담의 창조$^{\text{The Creation of Adam}}$'를 연상케 한다. 다만 '아담의 창조'가 손가락 사이의 직접적인 접촉에 의한 것이라면, 황석공과 장량을 잇는 것은 붉은 신발이다. 신발이 상징하는 것은 무엇일까?

'어떤 사람을 알려거든 신발부터 보라'는 속설은 우스갯소리로 넘기기엔 정곡을 찌르는 데가 있다. 반 고흐가 자주 그렸던 낡고 닳은 구두나 대통령의 최측근이 검찰에 출석하면서 떨군 명품 신발은 어떤 몸짓이나 말보다 신발 주인의 삶을 적나라하게 보여준다. 신발이 한 사람의 일생을 집약적으로 담은 상징이라는 것은 '신발을 끌고 다닌 역사'를 뜻하는 이력서履歷書란 말에서도 찾을 수 있다. 황석공이 장량을 만나 신발을 떨군 것은 자신의 삶을 고스란히 한 청년에게 펼쳐 보인 것이고, 그때 장량이 무릎을 꿇고 황석공의 신발을 받들었다는 것은 스승의 가르침을 자신의 삶에 받아들이겠다는 맹세에 다름 아니다. 하지만 누군가의 가르침을 내 살림살이로 녹여내기 위해서는 기존의 '나'를 지워야 한다. '나'로 꽉 들어차 있는 이에게 배움이 들어설 자리는 없다. 그렇다면 '나'의

이교취리도 부분, 황석공

이교취리도 부분, 장량

존재성을 말소시키는 가장 확실한 방법은 무엇일까? 바로 죽음이다. 신발은 삶의 이력인 동시에 죽음이나 단절을 상징하기도 한다. 절벽이나 바다에서 생을 마감하는 이들이 가지런히 벗어둔 신발은 삶이 거기서 멈추었음을 세상에 알리는 부존재의 증거이다. 장량이 들고 있는 신발에도 삶과 죽음이 교차한다. 복수에 실패하고 근근이 숨어 살고 있는 누추한 삶에 대한 부고訃告와 천하를 제패할 장부로서의 출사표가 한 짝의 신발에 중층적으로 엮여 있는 것이다.

몇 해 전 한국을 방문해 교육계에 열풍을 불러일으킨 바 있는 우치다 타츠루內田樹는 『스승은 있다』라는 책에서 장량의 일화를 소개하고 있다. 우치다가 인용한 장량의 에피소드는 일본 전통 악극인 능악能樂 중 하나인 〈장량〉으로 원래 출전인 『사기』와는 달리 말을 타고 온 황석공이 장량 앞에 신발을 반복해서 떨어뜨리는 내용이다. 우치다는 장량이 스승이 두 번째로 떨어뜨린 신발을 줍다가 상대의 의도에 끌려 다니는 것이 '필패의 구조'임을 문득 깨닫고 스승처럼 '필승의 병법'을 운용하는 방법을 온몸으로 터득하게 되었다고 해석한다. 그러나 우치다의 독법에서 우리가 주목해야 할 부분은 깨달음의 내용보다는 깨달음에 이르는 과정이다.

노 선생의 수수께끼처럼 보이는 몸짓을 본 장량은 홀린 듯이 그 메시지 해독에 빠져들었습니다. (중략) 장량이 홀린 이유는 거기에 수수께끼가 있다고 믿어버렸기 때문입니다. (중략) 결국 처음부터 끝까지 전

용주사 대웅전 삼세불도. 필선의 특징으로 보아 김홍도가 그린 것이 확실하다는 주장과 서양화의 음영기법이 적용된 것을 들어 후대에 그려졌다는 주장이 줄다리기하고 있는 논쟁적 그림이다.

부 장량 혼자서 묻고 답했을 뿐입니다. 하지만 다름 아닌 그때에 장량은 소통의 본질과 병법의 극의를 동시에 터득하게 되었습니다.

합기도 7단의 무도관 관장이라는 독특한 이력을 지닌 우치다가 읽어낸 장량이 깨달음으로 가는 과정은 마음의 검을 찾는다는 선가의 공부법인 화두삼요^{話頭三要}와 닮아 있다. 화두삼요는 화두를 타파하기 위한 세 가지 긴요한 공부법으로서 대신심^{大信心}, 대분심^{大憤心}, 대의단^{大疑團}으로 이루어져 있다. 대신심은 스스로가 본래 부처라는 믿음이고, 대분심은 반드시 부처를 이루겠다는 다짐이고, 대의단은 화두를 잡고 끊임없이 질문을 던지는 과정이다. 이것을 우치다의 장량 해석과 비교해보면 스승의 행동에 담긴 수수께끼를 풀면 병법의 비의를 파악할 수 있다고 믿어버린 것은 대신심이다. 홀린 듯 수수께끼 해독에 온전히 몰입한 것은 대분심이고, 혼자서 묻고 답하는 과정을 통해 깨달음에 이른 것은 대의단이라 할 수 있다. 마음 밖에서 가르침을 구하지 말고, 마주치는 모든 경계를 자신의 스승으로 삼으라는 불교의 가르침과 우치다의 해석이 다르지 않은 것이다. 기왓장 두드리는 소리나 목침이 땅에 떨어지는 소리를 듣고 오도^{悟道}*했다는 선가의 일화처럼 장량 또한 스승은 하나의 계기였을 뿐 깨달음은 홀로 성취한 길이었다. 물론 장량 설화에 숨겨진 핵심을 알아차리는 것은 불교 수행자나 무도인만의 권리는 아니었다. 조선 후기의 유학자 이익은 『성호사설』에서 장량 설화의 본질을 놀랍도록 명징하게 짚어낸다.

* 깨달음을 얻음.

황석공이 전수한 것은 바로 장량이 한 일이라
조용한 기상은 마음으로 알 뿐이다

적송자니 황석공은 다 헛것인데
　　오랜 세월 사람들이 감쪽같이 속았구나

　이제 장량이 모든 비의를 전수받았다는 신비의 『태공병법서』는 애초에 존재하지 않거나 설령 존재한다고 하더라도 텅 빈 공책空冊임을 눈치채는 것은 그리 어려운 일이 아니다. 불법의 큰 뜻을 물으러 온 승려들에게 "차나 한잔 마시게"라고 말한 조주선사처럼, 스승이 아무것도 가르치지 않을 때 제자는 비로소 모든 것을 배울 수 있다는 역설을 이교취리도는 신발 한 짝을 통해 담담하게 구현하고 있는 것이다.

강진 무위사
백의관음도

파랑새가 있다

'초판 발행일 1993년 5월 20일', '347쪽', '책값 6500원', '창작과비평사'

당신의 책장 어딘가에도 꽂혀 있을 이 책의 날개에는 저자의 흑백사진이 실려 있다. 아웃도어와 일상용으로 두루 손색이 없는 점퍼를 걸치고 있는 40대 중후반으로 보이는 사내. 얼굴의 절반을 뒤덮은 커다란 안경알 너머에는 웃는 건지 찌푸린 건지 알 수 없는 애매한 눈매가 보이고, 날렵한 하관과 가냘픈 목선에선 사색가들이 지닌 예민함이 드러난다. 머리 위로 드리운 소나무 가지는 다

250

분히 의도적으로 보이는데, 자신을 꼿꼿한 선비로 봐달란 뜻일 것이다. 사진 속 인물은 『나의 문화유산답사기』의 저자 유홍준이다. 당시에 그는 몰랐을 것이다. 자신의 책이 인문서적으로는 처음으로 100만 부가 넘게 팔리고, 국어 교과서에까지 실리게 될 줄은.

그렇게 우리가 서둘러야 했던 이유는 해가 지기 전에 무위사를 답사하기 위함이었다. 남도답사 일번지의 첫 기착지로 나는 항상 무위사無爲寺를 택한다.

유홍준은 『나의 문화유산답사기』에서 위와 같은 인상적인 구절로 무위사를 세상에 데뷔시켰다. 그의 말에 따르면 '남도답사 일번지'는 곧 '남한답사 일번지'니, 무위사야말로 답사를 시작하려는 이가 가장 먼저 찾아야 할 절집이 된 것이다. 그동안 무위사와 주변 동네에는 많은 변화가 있었다. 유홍준이 옛 무위사를 묘사한 '소담하고, 한적하고, 검소하고, 질박한 아름다움' 같은 말들은 대찰大刹에 가까워진 오늘날의 무위사에선 찾기 어려워졌다. 무위사에 도착했을 땐 겨울 해가 힘이 빠지기 시작하는 오후 3시 무렵이었다. 벽화를 보려면 서둘러야 했다. 나는 절 마당을 가로질러 국보 제13호인 극락보전 안으로 들어섰다.

무위사 백의관음도白衣觀音圖는 아미타여래삼존좌상의 후불벽 뒷면에 그려진 벽화다. 후불벽 앞면에는 1476년에 그렸다는 화기畵

무위사 극락보전

극락보전 아미타여래삼존도

記가 남은 벽화가 있는데 국보 제313호인 아미타여래삼존도이다. 학계에선 백의관음도가 아미타여래삼존도와 같은 해에 그려졌으리라 추정한다. 그런데 이왕 무위사의 벽화를 다룰 요량이면 아미타여래삼존도가 나을 텐

데 왜 백의관음도를 택했는지 궁금한 이도 있을 것이다. 간단히 답하자면, 백의관음도에는 '미스터리'가 있기 때문이다. 정체를 알 수 없는 인물, 그리고 남겨진 몇 가지 단서. 우리는 탐정소설의 주인공이 되어 무위사 백의관음도가 품은 비밀에 접근할 것이다. 우선 벽화에 얽힌 전설부터 살펴보는 것이 좋겠다. 원래 미스터리한 이야기는 분위기가 절반을 차지하니 말이다.

무위사 백의관음 벽화는 일반 화사의 솜씨가 아니라는 이야기가 따라다닌다. 한 승려가 무위사 주지를 찾아와 관음 벽화를 그릴 테니 49일 동안 아무도 극락전에 출입하지 말 것을 부탁한다. 이런 이야기는 늘 마지막 날 누군가 금기를 깨는 것으로 파국을 맞는데, 주지가 궁금증을 참지 못하고 문틈으로 훔쳐보자 관음의 눈동자를 그리고 있던 파랑새가 붓을 문 채 그대로 날아가 버렸다고 한다. 다른 하나는 17세기 조선의 문인인 신명규申命圭, 이하곤李夏坤 같은 이들이 자신의 문집에서 무위사 관음 벽화를 오도자吳道子의 그림이라고 기록하고 있다는 것이다. 오도자는 당나라 때 활약한 화가로 화성畫聖으로도 불리는데 특히 벽화를 잘 그렸던 인물이다. 조선시대 그림에 중국의 오도자나 파랑새 전설이 등장하는 것은 당시에도 관음 벽화가 꽤나 신비롭고 영험하게 보였다는 뜻일 것이다.

제법 분위기가 무르익었으니 사건의 현장, 아니 그림을 조사할 때다. 벽화 중앙에 흰옷을 입고 연꽃잎을 탄 채 바다 위에 서 있는

백의관음도 부분,
백의관음

백의관음도 부분,
의문의 승려와 파랑새

관음보살부터 보자. 보살은 체구가 건장하고 얼굴은 자애롭다. 무위사 백의관음도는 다른 관음도와는 달리 『화엄경』에 등장하는 바다 위로 솟은 산, 즉 관음이 앉아 있는 바위로 상징되는 보타락가산이 없다. 화면 왼쪽 아래의 인물 또한 귀여운 선재동자가 아니라 나이 든 승려인데 머리에 광배가 있고, 어깨 위엔 파랑새 한 마리가 앉아 있다. 이쯤에서 우리는 이 독특한 벽화가 『화엄경』을 기반으로 그려진 것이 아님을 눈치챌 수 있다. 그렇다면 무엇을 그린 것인가? 그리고 저 승려는 누구인가?

사건이 미궁에 빠지려고 할 찰나 새로운 단서가 등장한다. 왼쪽 상단에 적힌 오언율시다.

바닷가 외딴 곳[海岸孤絶處]
그 가운데 낙가산 봉우리가 있으니[中有洛迦峰]
관음은 머물러도 머문 바 없고[大聖住不住]
불법의 드넓은 문은 만나도 만났다고 할 수 없네[普門逢不逢]
보배구슬은 내가 원하는 바가 아니요[明珠非我慾]
파랑새는 다른 이를 만났으니[靑鳥是人逢]
오로지 푸른 파도 위에[但願蒼波上]
달처럼 환한 관음의 진신을 뵙기를 바라나이다[親添滿月容]

이 시는 『신증동국여지승람』에 실린 고려 문신 유자량庾資諒의 시와 두어 글자를 제외하고는 같다. 그러니까 화사가 유자량의 시를 벽화에 옮겼다고 봐도 무방한 것이다. 유자량이 이 시를 쓰게 된 배경이 특이하다. 『신증동국여지승람』에는 유자량이 동해 낙산사의 관음굴을 참배하다가 파랑새가 꽃잎을 물고 와서 자신 앞에 떨어트리는 일을 겪고 시를 남겼다고 나온다. 이 시는 추리에 필요한 중요한 단서를 여럿 감추고 있는데, 우리에게 필요한 부분은 '보배구슬'부터 마지막 구절까지다. 시에 나오는 단서를 차례대로 살펴보자.

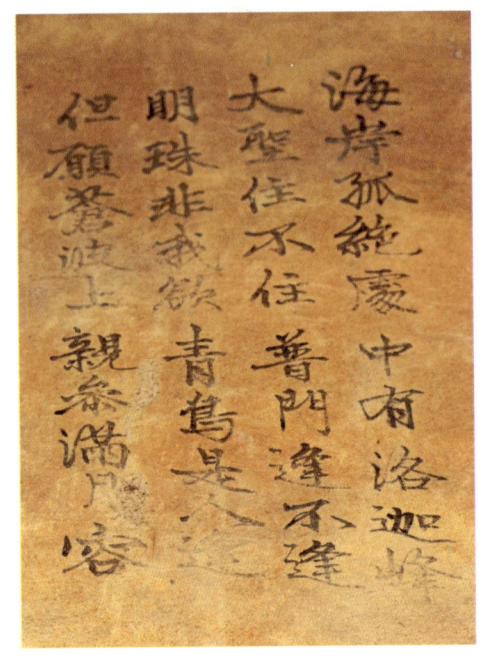

백의관음도 부분, 오언율시

보배구슬〔明珠〕

유자량이 말하는 보배구슬은 무엇일까? 분명 낙산사와 관련이 있는 물건일 것이다. 『삼국유사』에는 의상이 낙산사를 창건한 일화가 나온다. 의상은 동해 바닷가의 굴에 관음이 머문다는 말을 듣고 그 근처에 찾아가 기도를 올린다. 7일째 되던 날 새벽, 의상이 방석을 바다에 띄우자 천룡팔부의 신중들이 나타나 의상을 굴 안으로 인도한다. 의상이 공중을 향해 예를 올리자 수정염주가 내려지고, 이때 동해 용왕도 나타나 의상에게 여의보주를 전한다. 의상이 물러나 다시 7일간 기도를 드리자 드디어 관음의 진용眞容을 보게 된다. 이러한 연유로 그곳에 세워진 절이 낙산사다. 유자량이 낙산사 관음굴에 참배를 간 것 자체가 낙산사의 설화를 이미 알고 있었단 뜻이다. 그런데 유자량이 이 이야기를 『삼국유사』를 통해서 알게 된 것은 아니다. 왜냐면 그는 『삼국유사』가 출간되기 전에 죽었기 때문이다. 그러니까 낙산사 관음굴 이야기는 유자량이 살았던 시대에 이미 유명한 설화였던 것이다. 유자량의 시가 실린 『신증동국여지승람』에는 고려의 승려 익장益莊이 전하는 다른 버전의 낙산사 설화도 있다. 두 이야기 다 의상이 낙산에 관음을 친견하러 가서 수정염주와 동해 용왕이 준 여의주를 받고 그 자리에 절을 세운 것은 일치한다. 그러나 『삼국유사』에서 의상은 관음의 '진신眞身을 보지만[乃見眞容]', 『신증동국여지승람』에서는 관음이 '내 몸은 직접 볼 수 없다[我身未可親覩]'라고 말하면서 굴에서 손을 뻗어 수정염주만 전한다. 여기서 우리는 유자량의 시구에 등장하는 '보배구슬[明珠]'이 무엇을 의미하는지 알 수 있다. 유자량이 '나는 명주를 원하지 않는다'고 말하는 것은 의상이 낙산에서 수정염주와 여의주를 받은 것을 빗대고 있는 것이다.

그렇다면 벽화에도 의상이 받은 명주가 그려져 있을까? 백의관음의 왼 소매를 살펴보면 화살표처럼 무언가를 가리키고 있는데, 그 끝자락에 붉은색 구슬이 놓여 있다. 의상이 용왕에게 받았다는 여의주다. 승려의 시선을 따라가 보면 관음의 얼굴이 아닌 구슬로 향해 있다. 합장한 것처럼 보이는 승려의 손도 자세히 보면 무엇인가를 받으려는 듯 살짝 벌어져 있다. 그러니까 벽화 속 승려는 구슬을 받기 직전 모습으로 그려져 있는 것이다. 이제 우리는 이 승려의 정체를 말할 수 있다. 낙산사 창건주이자 해동화엄 초조인

백의관음도 부분, 여의주

의상. 이제 사람들을 모아놓고 '범인은 바로 의상 당신이야!'라고 외칠 일만 남았다.

파랑새 [青鳥]

아직 단서가 남았다. 넘치는 자신감은 잠시만 넣어두도록 하자. 두 번째 단서는 파랑새이다. 유자량은 시에서 '파랑새는 다른 이를 만났다'고 썼다. 여기서 시의 해석에 관해 잠시 말을 덧붙여야 할 것 같다. 올바른 해석이야말로 올바른 추리를 위한 기초이기 때문이다. 대부분 논문에는 '青鳥是人逢'을 '청조가 이 사람을 만났다'로 풀고 있다. 그런데 하나같이 '이 사람'이 누군지 말해주지 않는다. 그래서 나처럼 아둔한 독자는 '아, 유자량이 파랑새가 꽃잎을 떨구는 걸 보고 쓴 시니까, 파랑새가 만난 사람이란 유자량 자신을 가리키는 말이구나'라고 오해하게 된다. 이렇게 되면 추리 자체가 불가능해진다. 나는 '青鳥是人逢'을 앞에 나온 '明珠非我欲'에 대한 대칭적 의미로 보았다. 여기서 중요한 대칭어는 '非와 是' 그리고 '我와 人'이다. 그래서 '是'는 '이'라는 지시대명사가 될 수 없고, '人'은 단순히 사람이 아닌 '我'의 대칭으로서 '타인'이 된다. 파랑새가 만난 사람은 유자량 자신이 아닌 다른 누군가를 지칭하는 것이다. 그렇다면 파랑새를 만난 이는 누구인가?

『삼국유사』에 실린 낙산사 설화에는 의상 이외에 또 다른 인물이 등장한다. 바로 의상의 라이벌로 자주 비교되는 원효다. 원효는 낙산사에 관음의 진신을 보러 찾았다가 네 번의 봉변을 당한다. 벼를 베는 여인에게 벼를 달라고 하자 벼가 익지 않았다고 거절당하고, 개울가의 여인에게 물을 달라고 했다가 생리대를 빤 물을 받게 되고, 소나무 아래를 지나다가 파랑새가 '제호화상醍醐和尚은 쉬라[休]'고 말하는 소리를 듣는다. 원효가 간신히 낙산사에 도착해 관음이 거처하는 굴에 들어가려 하자 풍랑이 거세게 일어나 되돌아가고 만다.

파랑새가 원효에게 말한 제호醍醐는 우유를 숙성시켜 얻을 수 있는 마지막 단계의 유제품으로 불교에서는 최고의 진리를 상징한다. 파랑새는 최고의 지혜를 통달한 신라 제일의 승려가 무엇이 아쉬워서 관음을 보러 왔냐고 비꼬는 것이다. 여기까지만 살펴도 유자량이 말한 파랑새를 만난 이가 누구인지 짐작이 갈 것이다. 재미있게도 벽화 속 승려는 파랑새 한 마리를 어깨에 얹고 있다. 그렇다면 화사는 『삼국유사』에서 관음을 만나는 데 실패한 원효를 위로하기 위해 그림으로나마 그 한을 풀어주려 했던 것일까. 파랑새 한 마리로 너무 멀리 나간다고 생각할 수도 있을 것이다. 그런데 1739년에 쓰인 「무위사사적無爲寺事蹟」에 따르면 무위사는 신라 진평왕 때 원효가 창건했고 사명을 '관음사觀音寺'라 했다고 전한다. 무위사 창건 당시 강진은 백제 땅이었으니 사실로 받아들일 순 없다고 하더라도, 전승이 지닌 상징성은 벽화의 승려가 원효일 수 있는 하나의 근거가 된다. 다시 말해 이 벽화가 15세기 무렵 그려졌고 후대 무위사 승려들이 창건주를 원효라고 주장하는 것은 적어도 당시 승려들은 벽화 속 인물을 원효로 믿고 있었음을 말해 준다.

얼굴(容)

유자량이 시의 마지막 구절에서 바라는 것은 오직 관음의 진짜 얼굴을 보는 것이다. 자신은 의상처럼 명주도 필요 없고, 원효처럼 파랑새로 변한 관음을 만나기도 싫고, 오로지 관음의 진신만을 보기 원한다는 것이다. 마치 그는 관음의 진신을 봄으로써 의상과 원효를 뛰어넘으려는 것처럼 보인다. 그렇다면 그가 알고 있던 낙산사 설화는 『삼국유사』와 『신증동국여지승람』이 결합한 이야기, 즉 의상이 명주를 얻고 원효가 파랑새를 만났지만 둘 다 관음의 진신을 친견하지 못한 버전이었을 가능성이 높다. 그런데 유자량은 분명 파랑새를 만났다. 그는 관음의 진신을 보는 데 일말의 도움도 되지 않을 파랑새의 존재를 지우기 위해 시의 앞부분에서 '만나도 만남이 없다[逢不逢]' 같은 연막을 피우거나, 파랑새가 만난 이는 내가 아닌 원효라고 떼를 쓰는 것이다. 그러나 결국 그가 본 것은 관음의 진짜 얼굴이 아니라 동해에 떠오른 둥근 달이었을 것이고, 그것이 관음의 진신이라 애써 위로했을 것이다.

얼굴 이야기가 나왔으니 하는 말이지만, 정작 우리는 벽화 속 승려의 얼굴을 제대로 살피지 못했다. 만약 벽화 속 승려가 의상이라고 한다면, 그 얼굴은 우리가 상상해온 이미지와는 많이 다르다. 『삼국유사』에서 의상을 대표하는 말이 '가르침을 전하는 스승'인 '전교傳敎'이다. 의상을 직접 보고 그린 것이 아닌 바에야 수많은 제자를 둔 교육자의 초상을 굳이 툭 튀어나온 눈에 커다란 코, 두꺼운 입술을 지닌 무골武骨의 형상으로 그린 것은 이해하기 어렵다. 그렇다면 투박한 외모와 성자의 광배는 『삼국유사』에서 '한 곳에 묶어둘 수 없는 인물[不羈]'이자 '성스러운 이[聖師]'라는 표현을 동시에 사용했던 원효를 나타내기 위함인가? 아니면 큰 코와 기이한 골격이야말로 성스러운 이를 나타내는 징표라 여겨 그렇게 그린 것일까?

그래서 이 승려는 누구인가? 고백하건대 나는 승려의 정체를 모르겠다. 의상이라고 해도 말이 되고, 원효라고 해도 어긋나지 않는다. 진실은 오직 그림을 그린 화사만 알 것이다. 그러나 작가의 의도가 작품의 해석에 있어 절대적 권위를 행사하는 시대는 지났다. 게오르그 가다머는 『진리와 방법』에서 "작품에 대한 이해라고 함은 작가의 심리 상태를 고스란히 반복하는 일이 아니다"라고 말했다. 그러니 결말이 아쉬운 독자들은 각자가 생각한 바를 결론으로 삼거나, 아니면 새롭게 제3의 인물을 지목해도 좋을 것이다. 사실 나는 그 승려가 누구이든 상관이 없다. 독자가 벽화와 옛 시를 엮어서 상상하고 각자의 지평에서 이해하는 즐거움을 얻었다면 내 역할은 이미 다했기 때문이다.

해남 미황사
천불도

중생이 없으면
부처도 없다

청년 시절 만났던 승려들은 하나같이 내게 출가를 권했다. 마흔을 넘기자 출가 권유가 뜸해져 방심하고 있었는데 어느 자리에서 또 출가 이야기가 튀어나왔다. 좋은 뜻으로 하는 말이었지만 누적된 피로감도 상당해서 "모든 사람이 출가하면 스님들은 누가 먹여 살립니까?"라고 받았는데, 되돌아온 말이 걸작이었다.

"걱정 마세요. 세상에 중생은 차고 넘치니까요."

나는 이 대답에 말문이 막혀버렸다. 불교에서 중생은 범어 사트바^{sattva}를 번역한 말로 생명을 지닌 모든 존재를 뜻한다. 그러나 일

반적으로 중생은 욕망과 어리석음으로 자신과 남을 고통 속에 빠트리는 이들을 일컫는다. 중생과 반대편에 있는 존재는 누구일까? '천상천하 유아독존'의 붓다이다. 깨달은 이를 뜻하는 붓다는 불타佛陀나 부도浮屠처럼 음차로 쓰이다가 우리말 '부처'로 정착을 했지만, 역사상 실존한 부처는 고타마 싯다르타라는 이름을 지닌 석가모니뿐이다. 그렇다면 석가모니의 가르침을 받고 깨달았다는 1250명의 제자들은 무엇이란 말인가. 당시에는 깨달음을 얻은 이를 아라한이라 불렀을 뿐, 감히 붓다라고 명명하지 않았다. 붓다란 말은 보통명사가 아니라 석가모니만을 지칭하는 고유명사였던 것이다. 절집에서 여성 불자에게 조건 없이 붙여주는 보살이란 명칭도 실은 전생의 수행자 시절 석가모니를 가리키는 말이었다.

붓다가 열반에 든 후 교학적 이론들이 발달하고 불신佛身에 대한 세계관이 심화되면서 부처란 명칭은 석가모니에서 벗어나 '진리가 곧 부처'라는 개념으로 그 외연을 확장해 나갔다. 대승불교의 흥기와 함께 석가모니와 진리의 측면에선 다르지 않으나 다른 인격으로 설정된 아미타불이나 미륵불 같은 부처들이 등장하는데, 특히 『화엄경』은 이루 헤아릴 수 없는 국토마다 헤아릴 수 없는 여래가 존재한다는 기술에까지 나아간다. 그러나 부처에 대한 개념이 파격적으로 변한 것은 중국 선불교 덕분이다. 조사라고 불리던 일군의 승려들은 붓다의 고유한 권위를 파괴한다. 조사들은 살불살조殺佛殺祖와 불립문자不立文字란 기치를 세우고 조사선祖師禪이 여래선如來禪보다 우위에 있음을 드러내기 위해 '석가도 몰랐거늘, 어찌 가섭에게 전했으랴'라고 호통을 치기도 한다. 또 『육조단경』에서 보듯 승려의 어록에다 부처의 가르침에만 붙이는 '경經'이란 명칭을 달기도 하고, 경전 대신 자신 안의 부처를 보라고 주장하니, 말 그대로 부처가 중생의 수만큼 차고 넘치는 시대, '보통 부처들의 위대한 시대'로 진입하게 된다.

그러나 사찰의 천불전에 모셔진 천 명의 부처는 선가에서 말하는 보통 부처들이 아니라 『현겁경賢劫經』을 그 토대로 삼고 있다.

미황사 대웅보전

『현겁경』은 희왕보살의 질문을 받은 석가모니가 답을 하는 형식으로 구성되어 있는데, 가장 주목받는 부분은 「천불명호품」과 「천불흥립품」이다. 『현겁경』 가운데 「천불명호품」은 현 우주가 탄생했다가 다시 멸망하는 기나긴 시간(현겁) 동안 출현했거나 출현할 천불의 이름을 쭉 나열하고 있고, 「천불흥립품」은 각 부처들의 출생지, 가족 관계, 상수제자와 신통제자, 제도한 사람의 숫자 등을 꼼꼼하게 적어놓았다. 천불의 계보는 구류손拘留孫, 함모니含牟尼, 기가섭其迦葉, 석가문釋迦文, 자씨불慈氏佛로 시작해 인사자人師子, 유명칭有名稱, 호루유號樓由로 끝을 맺으며 천이란 숫자를 꽉 채운다. 낯선 이름 속에서 그나마 반가운 두 이름이 있는데, 석가문은 석가모니

이고, 자씨불은 미륵불이다. 물론 이들 부처에 관한 장황한 설명은 석가모니를 바탕으로 삼아 만들어낸 상상력의 산물이다. 사람에 따라선 『현겁경』을 부처 집안의 계보로 진지하게 받아들이는 이도 있을 것이고, 그저 관불수행灌佛修行*의 방편으로 여기는 이도 있을 것이다. 하지만 『현겁경』이 지닌 탁월한 영험은 늦은 밤까지 잠 못 이루는 이들의 몫이다. 대부분은 이 경을 펼친 지 채 5분이 못 되어서 달콤한 부처의 가피를 체험하게 된다.

* 마음으로 부처를 관하는 수행.

해남 미황사의 천불도는 『현겁경』을 근거로 대웅전 내목도리 판벽 21곳과 두 대들보에 천 명의 부처를 그린 벽화다. 현재는 대들보에 남은 네 점을 제외하고 판벽에 있던 그림들은 보존 처리를 위해 모두 떼어낸 상태다. 곳곳에 덩그러니 남아 있는 흰 벽면이 바로 벽화를 떼어낸 자리이다. 미황사 벽화를 떼어낼 수 있었던 이유는 여러 장을 겹친 종이 위에 그림을 그린 후 벽에 붙이는 첩부貼付 방식이었기 때문이다. 첩부 벽화는 오랫동안 보존이 가능하다는 점 외에도 섬세한 표현을 할 수 있어 사찰 벽화나 단청에 종종 쓰였다. 그런데 2억 원의 국가 예산이 들어간 벽화의 보존 작업은 문화재 훼손이라는 처참한 결과를 낳았다. 벽화를 떼어낼 때 비전문가에 의해 작업이 진행되었고, 떼어낸 벽화의 보존 처리 또한 부적절해서 도리어 벽화에 손상을 가했다는 지적이 터져 나왔다. 결국 이 문제는 2017년 국정감사에서 다루어졌고, 문화재청은 관리 감

독의 소홀과 투명한 시스템의 부재를 인정할 수밖에 없었다. 이 혼란한 와중에도 대들보에 있는 네 점의 벽화는 기적적으로 살아남았는데, 판벽에 부착된 벽화와 달리 대들보의 벽화는 물을 뿌리면 뿌릴수록 나무에 스며들어서 도저히 분리할 수 없었기 때문이다. 나는 이것을 가장 중요한 그림의 훼손만은 막으려 했던 미황사 부처의 가피로 여긴다. 대들보의 그림만으로 대웅전을 그득 채운 천 명의 부처가 뿜어냈을 장엄미를 상상하긴 어렵다. 아쉽긴 하지만, 네 점의 그림만으로도 미황사 천불도 전체를 일별하기엔 큰 문제는 없다. 전체 벽화 25점의 핵심 구도가 두 대들보 그림에 고스란히 남아 있기 때문이다.

벽화가 그려진 시기는 대웅전을 중수했던 1751년으로 추정되는데 300년에 가까운 세월이 느껴지지 않을 정도로 필선이 선명하고 채색이 우아하게 살아 있다. 미황사 천불 벽화는 서 있는 부처와 앉은 부처의 구도로 나뉜다. 천불 가운데 앉아 있는 모습의 부처는 오직 두 대들보 안쪽에만 그려져 있고, 들보 바깥 부분과 떼어낸 벽화는 모두 선 채로 구름을 타고 내려오는 부처의 모습을 그려놓았다. 대들보 안쪽 두 벽화를 제외하고는 부처의 대의大衣와 두광頭光의 색깔, 그리고 부처의 숫자가 조금씩 다를 뿐 마치 졸업식 사진을 찍기 위해 포즈를 취한 것처럼 옹기종기 모여 있는 구도는 유사하다. 몸을 슬쩍 기울인 채 고개를 돌려 담소를 나누는 듯한 모습이라든지, 쌜쭉한 눈매와 입술에서 배어나는 미소는 엄숙함보다는 부처의 인

천불도 부분, 구름을 타고 내려오는 부처들

간적 면모를 강조했다. 부처들의 상호相好는 모난 데 없이 원만하지만, 어떤 얼굴은 아이처럼 말갛고, 어떤 얼굴은 아주머니처럼 푸근하다. 섬세하고 부드러운 필선과 자연스레 옅어진 색감이 이루는 조화는 봄 햇살이 고택古宅 창호문을 두드리는 풍경처럼 편안하고 느긋한 느낌을 준다. 이에 비해 연화좌에 병렬로 앉아 있는 여덟 부처

천불도 부분, 정좌를 한 부처들

의 표정은 단정하고 자세는 반듯하다. 이는 중생을 구제하는 권능과 진리의 담지자로서 부처를 나타내기 위해서다.

그런데 천불 가운데 오직 들보 안쪽의 여덟 부처만 거울로 서로를 비추듯 대칭적인 모습으로 그려진 이유는 무엇일까. 대웅전의 어간문에 서서 불단을 바라보면 화사의 의도를 이해할 수 있다. 일례로 석굴암의 본존불은 바로 앞에서 보는 것이 아니라 뒤로 물러서서 팔부신중이 새겨진 복도식 전정前庭과 함께 바라볼 때 불세계의 장엄함이 부각되듯 미황사도 이와 같은 원리가 적용된다. 대들보에 늘어 앉은 부처의 그림이 끝나는 곳에 닫집이 있고, 그 닫집 아래에 석가모니 불상이 있는 것은 법당을 가득 메운 부처들의 시원이 다름 아닌 석가모니임을 알려주는 것이다. 즉, 천불이 한 명의 부처에게로 수렴한다. 또한 이러한 배치는 하나의 부처가 여럿으로 분화되어 예경禮敬하는 이에게 다가오는 느낌을 주기도 한다. 석가모니가 몸을 나누어 모든 세계의 중생을 제도했지만 보리수 아래 본래의 자리를 한시도 떠난 적이 없다는 경전의 난해한 구절을 미황사의 벽화는 교묘한 방법으로 체현해내고 있는 것이다.

하지만 해남 미황사의 다양한 부처를 보면서 천불의 가피加被가 중생들에게 넘쳐나는 세상, 다시 말해 많은 부처가 필요한 시대를 살아가는 것이 과연 행복한 일일까 자문하게 된다. 경전에서 붓다를 큰 의사에 비유하는 것은 중생이 병이 들었기 때문이다. 많은 의사가 있다는 것은 그만큼 아픈 사람이 많다는 뜻이다.

중생의 병이 나으면 부처가 있어야 할 이유가 없다. 중생의 미망迷妄이 사라져 부처마저도 사라진 세상이야말로 붓다가 진정 원했던 세상일 것이다. 생각해보니 그때 출가를 권했던 승려에게 나는 이렇게 되물었어야 했다.

'그래서 스님은 제도할 중생이 넘쳐나니 행복하십니까?'